中野剛志
三橋貴明

売国奴に告ぐ!

いま日本に迫る危機の正体

徳間書店

はじめに――デフレ悪化を推進する人たち

三橋貴明

本書は、現在の日本に蔓延《まんえん》している「TPP」「構造改革」「グローバリズム」「増税」「政治主導」などに関する情報のウソや歪《ゆが》みを暴き、そのデタラメの元凶を追及するとともに、歪みを解きほぐすことを目的に、京都大学准教授である中野剛志氏とともに、諸問題を論じあったものである。

これらの諸問題は、いずれも日本を破滅に導くものであり、国民を不幸にするものである。だが、さまざまな情報操作により、真実が隠され、あるいは歪められて流布されている。

例えば、TPPの場合、農業以外の分野においても、日本国民に多大な影響を及ぼすことが明らかである。それにもかかわらず、なぜ単なる「農業問題」「コメの関税問題」であるかのごとき報道がなされるのか。

あるいは、増税について、「デフレ期の増税は景気を悪化させ、かえって政府の税収を減らす」ことが明らかであるにもかかわらず、なぜ大手新聞が一斉に「増税推進キャンペーン」を展開するのか。

さらには、日本国内でTPPや増税を推進している経済産業省や財務省の官僚は、何を考え、誰のために働いているのか。

そういった点を丹念に検証した。

TPPにしても、増税にしても、日本のデフレーションを推進するのは明白だ。何しろ、TPP、増税、あるいは「構造改革」も「自由貿易」も、すべてはインフレ率を抑制するための政策なのである。デフレ期に「インフレ抑制策」を実施し、何をしたいのか意味不明だが、結果だけは予想がつく。すなわち、さらなるデフレ深刻化と国民の困窮だ。

最近、筆者はテレビ番組に出演する機会が増えているが、財政破綻《はたん》に関する討論の際に、繰り返し「日本の財政再建はデフレを脱却しない限り実現できない。消費税増税ではなくデフレ脱却が何よりも先決だ」と繰り返したところ、ある討論相手から「デフレ、デフレ、うるせえよっ！」と罵声《ばせい》を浴びた。

あるいは、やはりテレビ番組の討論において、ある討論相手が「TPPで農産物をはじめ、物価が下がるんですよ」と国民への恩恵があるかのような発言をしたため、筆者は「それはナンセンスです。いまの日本はデフレでしょ。物価が下がるデフレで困っているところに、さらに物価を押し下げる政策を推進してどうするんですか」と返した。すると、彼は「年収200万以下のワーキングプアが1000万人以上いる」などと言い出したので、筆者は「だから、そういう人を救うためにデフレ脱却しなければならないんでしょう」と反論したわけだ。

前半の「デフレ、デフレ、うるせえよっ!」と言い放った人物は元財務官僚、後半の「TPPで物価が下がる」は元経産官僚の発言だ。

何というか、別に全員がそうと断定する気はないのだが、はたして現在の日本の官僚の方々は、デフレの恐怖について本当に理解しているのか、疑問に思ってしまったわけだ。

例えば、民間企業のセールスを一度でも経験すれば、デフレ下における「売れない厳しさ」「売れても、超薄利の悲しさ」を肌で感じることができる。デフレ下でモノやサービスを売るのは、本当に大変だ。基本的に価格競争になり、限界を超えた値下げ合戦が続き、脱落した企業はリストラを行うか、もしくは淘汰《とうた》される。企業倒産や失業の憂き目に遭った国民は、所得を得る術《すべ》を失い、最終的には食料を買えず、「飢える」ことになってしまうのだ。

前記の元官僚の方々が「デフレの恐怖」を実感できないのは、もちろん官僚時代に「保障された所得」の下で、日々の生活を送っていたためだろう。しかし、もう1つ、日本国民の多くが気づいていない、あるいは知らない理由があるのだ。

それは、現在の日本の官僚や評論家が好む「構造改革」「財政健全化」といった手法の背後にある思想、すなわち「新自由主義」が、デフレを想定していないことである。何しろ、新自由主義とは「高いインフレ率を抑制する」ために、生まれた思想なのである。

例えば、構造改革派が主張する「規制緩和」「公営企業の民営化」「外資導入」は、すべて「供給能力を高め、インフレ率を抑制する」ための政策だ。また、財務省お好みの「増税」「社会支出削減」「公共事業削減」といった緊縮財政政策は、「需要を縮小させ、インフレ率を抑制する」ための政策なのである。

さらに言えば、中央銀行の独立にしても、「中央銀行が政府からの圧力で過剰な通貨発行を行い、インフレ率を高める」ことを防止するための施策だ。日本銀行の独立性強化を含め、バブル崩壊後の日本は、新自由主義的な発想に基づき、延々と上記の「インフレ対策」を実施し、国内のデフレを深刻化させてきた。

デフレ環境下でインフレ対策を継続してきたわけだから、わが国のデフレが年を追うごとに深刻化しないほうが不思議だ。

無論、上記の構造改革や緊縮財政、それに中央銀行の独立性の強化は、高いインフレ率に悩んでいる国においては、適切な解決策になり得る。実際、新自由主義的な施策により、国内のハイパーインフレーションを沈静化させた国も実在する。

とはいえ、現在の日本はデフレである。デフレの国において、官僚やマスコミに登場する評論家が、ひたすらインフレ対策を叫び続ける。結局のところ、彼らは「解決策は、環境によって変わる」という、問題解決の基本すら理解していないことになる。

いまや、日本のみならず、世界的に上記の新自由主義に対する批判の動きが見られるようになった。何しろ、新自由主義は「うまくいっても」国内の所得格差を拡大し、国民の多くが繁栄から取り残されてしまうという現実が、明らかになってしまったためだ。2011年9月からアメリカで起こった「オキュパイ・ウォールストリート（ウォール街を占拠せよ）」運動は、まさにその典型である。


リーマン・ショック以降、世界的にバブル崩壊局面にある。バブル崩壊は、それまでの成長戦略が通じなくなったという、資本主義の神様からのメッセージである。バブル崩壊後、最も早く新たな成長モデルを創り上げた国が、世界の次の経済的リーダーになる。

実際、1929年のウォール街株式大暴落後の恐慌期に、自動車および原油（ガソリン）中心の成長モデルをいち早く築き上げたアメリカは、その後「車文明」の覇者として世界の経済的リーダーになった。

今後の世界の経済的リーダーがどこになるのか、新たな経済成長モデルがどのような姿を持つのか、現時点ではまったく不明だ。

とはいえ、新たなモデルが、すでに破綻が明らかになった新自由主義的な思想に基づくものであった場合、これは人類の不幸である。

ご存じの通り、日本は1990年のバブル崩壊以降、延々とデフレ状態が続き、新たな成長モデルを示していない。とはいえ、1930年代のアメリカの経済環境（経常収支黒字国、世界最大の対外純資産国、長期金利が超低迷）と、最も酷似するモデルを持つ現代の国は、何を隠そう日本なのである。しかも、日本経済はいまのところ新自由主義的な思想に完全に染まってはおらず、国民は健全なナショナリズムと民主主義を維持している。

ならば、どうするべきなのか。

筆者は「日本がどうなるのか」という問いに対し、答えるのを嫌う。理由は、日本国の行く末が、日本国民にとってまったく他人事《ひとごと》ではないためだ。

どうなるのかではなく、どうするべきなのか。

この問いに対する答えを、日本国民1人1人が考え始めたとき、日本国は新たな経済的リーダーへの道を歩み始めることになる。本書が、読者1人1人が「考え始める」きっかけになってくれれば、筆者としてこれにまさる喜びはない。

最後に、多忙の合間を縫い、本対談を快く引き受けてくれた中野剛志氏と、有意義な機会をつくってくださった徳間書店に、感謝の意を表したい。

２０１２年２月

三橋貴明

売国奴に告ぐ！◎目次

・官僚は本当は改革路線が大好き
・官僚がおかしくなった理由
・日本が構造改革に向かってしまうのはなぜか
・財務省が構造改革に賛成している理由
・官僚の上手な操り方
・グローバリズムで狂い始めた世界
・外交と国内政策を別モノと考える人たち
・構造改革主義者への抵抗

第4章 この国に巣食う「国を売る」人々

・「外圧がないと変えられない」というイデオロギー
・「TPP参加のメリット」のでたらめさ加減
・日本人は政治を舐めすぎている

・国民を欺く売国マスコミの大罪
・テレビ、新聞の世論操作の実態
・過ちを決して認めない評論家
・尋常ではない農業（弱いもの）の叩き方

第5章 売国ドクトリンから日本を救え

・TPP、増税というショック・ドクトリン
・デフレ時代にインフレ対策をする愚
・デフレでは既得権益叩きをしてはいけない
・TPPが国民に説明されない理由
・アメリカ国民にもプラスにならないTPP
・タチの悪い民主主義VS健全な民主主義の戦い
・TPPでアメリカは何を取りに来るのか

【第1章】

「改革」の名で日本を滅亡に導く人たち

◎世界混乱の元凶「グローバル化」を日本に広めたい人たち

三橋　いま世界経済は大揺れに揺れていますが、まず明らかにしておきたいのは、10年以上続く日本のデフレにしろ、アメリカの「オキュパイ・ウォールストリート（ウォールストリートを占拠せよ）」運動にしろ、ユーロ崩壊にしろ、エジプト革命にしろ、大本の原因を辿《たど》ると全部同じだということです。

すなわちそれは、新自由主義と構造改革です。この2つに共通する思想は市場原理主義であり、政府の介入を排した自由な経済活動を目指すものです。

特に新自由主義の特徴として挙げられる「トリクルダウン理論」そして「グローバル化」、これらが世界中に広まった結果、あちこちで歪《ひず》みが生じているのです。もっともほかの国と比べるなら、日本の歪みはまだましなほうだと思いますが。

本書は、その大本の問題を議論するものになるでしょう。中野さんがこの1年間戦い続けたTPP（環太平洋経済連携協定）問題も、この新自由主義や構造改革との対決という意味があるものだったわけです。

これから議論していく1つ1つの問題は、実のところ何ら新しいものではありません。

例えば新自由主義の思想にしても、戦前からあったものです。大恐慌時、アメリカの財務長官だったアンドリュー・メロンはトリクルダウン理論を支持していました。「トリクルダウン理論」とは、「富裕層が儲《もう》かれば、投資という形で貧困層にお金がしたたり落ち、国民全体が潤う、貧富の格差もなくなる」という、ズバリいってインチキ理論です。あるいは、トリクルダウン理論ではなく「トリクルダウン仮説」です。

トリクルダウン理論のせいで格差がなくなるどころか、いっそう広がり、エジプトでは革命が起き、アメリカでは反格差デモによりウォールストリートが占拠されました。ユーロも崩壊寸前です。

アメリカではCEO（最高経営責任者）の報酬が従業員の300倍にも達していますが、これは彼らが従業員より300倍生産性が高いということを意味しています。300倍もの生産性の乖離《かいり》など、人間に可能とは思えません。

さらにグローバリズム、あるいはグローバルな資本移動の自由。資本移動が自由化されてしまった結果、政府は雇用を維持するために大企業のご機嫌を取らなければならない状況に至っています。大企業に有利な政策を取らないと、海外へ逃げられてしまうかもしれないからです。あるいは、国内の労働賃金が発展途上国や新興経済諸国の水準めがけて落ち込んでいくということが起こる。

ものすごくシンプルに言うと、「規制や国境をなくして自由な経済活動を可能にする」そして「金持ちに富が集中する」――この2つがセットになって、全世界に広まったのです。その結果が、いま起きている〝グローバル恐慌〟なんですね。

ですから、オキュパイ・ウォールストリート運動やエジプト革命の様子をテレビで見て嘆いていながらTPPに賛成する人がいるなんて、私にはまったく理解できない。要するに、政治家にしても官僚にしても、この問題の根底にあるものがわかっていないのです。あるいは、わかっていながらわからないふりをしているのかもしれませんが。

中野　おっしゃる通りです。ところが、われわれが何度そう語りかけても、考えを変えようとしない人たちがいます。政治家に官僚、経済評論家にマスメディアですね。

いま三橋さんが新自由主義の特徴と問題点をわかりやすく定義してくれましたが、構造改革の特徴と問題点についても明らかにしておきたいと思います。

構造改革というのは、各産業分野の構造を見直し、非効率性を改める、つまり主に規制緩和などをして業界への参入障壁を下げる、より自由な経済活動を実現することで、生産性を高めることです。

あるいは、「小さな政府」「公共投資の削減」「民営化」によって、公的部門を効率化し、公的需要を減らそうというものです。

こういう新自由主義的な構造改革を掲げたのは、アメリカではレーガン政権、イギリスではサッチャー政権ですね。しかし、当時の英米は、悪性のインフレで苦しんでいました。インフレというのは、需要が過剰で供給が過少、つまり需要に追い付くだけの供給力がないので、物価が上昇して困るという状態です。そこで、供給力を強化すべく、市場の自由化を進めて競争を促進し、非効率部門を淘汰して生産性を上げようとしたのです。つまり、構造改革とは、インフレ退治のためにデフレを引き起こそうというものでした。しかも、アメリカは、この新自由主義的な構造改革によって貧富の格差が拡大したり、金融市場が不安定化したり、金融部門が肥大化して製造業が衰退するといった事態になりました。

ところが、日本は、この10年以上もの間、デフレであるにもかかわらず、インフレ退治のための新自由主義的な政策をやり、しかも、アメリカの異常な金融資本主義をモデルにして構造改革を進めてきました。

「グローバル化や構造改革などするとアメリカみたいにおかしくなる」と私が言うと、「いや日本は平等すぎるんだよ」とか「いや、内向きすぎるから、もっとグローバル化しないといけないんだよ」とか「構造改革が足りないからダメなんだよ」とか言うバカが、山ほどいる。

彼らはどうやっても、「構造改革すべき」「グローバル化は素晴らしい」という信念を変えないのです。

だから、この日本においても、デフレが10年以上も放置されました。

そしてTPPにまつわる議論も、参加表明の直前まで真剣になされなかったのです。政府は「TPPについて交渉に参加しなければ、詳しいデータを入手できない」などと言っていましたが、詳しいことがわからないにもかかわらず、政府も経団連などの産業界、マスコミも、こぞってTPP参加に賛成していたのです。本当にひどい状況です。

TPPについては、私も三橋さんもさまざまなところで発言し、書いてきたことで、ようやく少しはその問題点が認識されるようになってきました。

ただし、TPPの問題点については理解するようになっても、構造改革やグローバル化には賛成という人も結構いるのです。

◎グローバル化も構造改革もデフレを深刻化する

三橋　そうですね。グローバル化とは、資本や労働力の国際的移動を自由にすることですが、これにより、労働コストの低い国に注目が集まり、そうした国への企業の海外移転や外国人労働者の輸入が起こりました。その典型的な例が中国です。日本企業もこぞって中国に進出し、生産拠点をつくりました。日本に限らず世界的にその流れが生まれた。

グローバル化も構造改革も、実はデフレを加速させる政策です。国民経済の供給能力を高めるわけですから。しかしいまの日本では、需要を供給能力が上回っている状態です。その差をデフレ・ギャップと言いますが、この額は20兆円とも40兆円とも言われています。にもかかわらず、構造改革やグローバル化を推進すれば、デフレを是正するどころか、より悪化させるのは当然のことでしょう。

しかも、いま起きているユーロ危機なども、資本のグローバルな自由移動が引き起こしたことです。

こうした構造改革やグローバル化の推進論者は、日本の国債発行額を問題視し、「日本が破綻する」「公共投資を削れ」と叫び、「だから構造改革、グローバル化が必要なんだ」という誤った論を主張します。

これは後に議論することになりますが、デフレを是正するには、供給能力を削るか、需要を上げるしかありません。しかし、供給能力を下げるということは失業が拡大するということですから、需要を上げるしかないのです。そこで、国が強制的にお金を使って公共事業を起こし、政府が有効需要をつくり出す必要が出てくるのです。

それなのに日本は、バブル崩壊後の1997年に橋本龍太郎内閣が構造改革路線に舵《かじ》を切り、さらに財政規律のためということで消費税を上げ、公共事業削減を始めました。これにより10年以上にわたるデフレに日本は苦しむことになったわけです。

こうしたことは各種の経済数字から見ても明らかなのに、推進論者たちは、いったいどんな信念を持っているのでしょうか。それこそ京都大学大学院教授の藤井聡氏が言うように、財政破綻論者や公共投資不要論者には、そもそも「日本は衰退する」「成長しない」というドミナント（優先される）ストーリーがあるとしか思えません。そして、それを否定するようなデータは無視してしまう、という風潮のようです。

中野　もっと言うならば、こういう点もあると思います。

日本のデフレ脱却を真剣に考える人は、すなわちデフレによって自分に被害が及ぶ人ですよね。

ところがいま、日本を動かしているのは、デフレで苦労しない人たちです。公務員、日銀、学者、それからグローバル企業、つまり外で稼ぐ企業です。

それから、年寄り。彼らはすでに小金を貯め込んでいるので、物価が安くなることを素直に歓迎します。

債権者と債務者では、当然、債権者はデフレ歓迎ですね。物価の下落は貨幣価値の上昇ですから、返ってくるお金の価値が上がることは債権者にとってはメリットです。逆に債務者にとってはつらい。日本では大企業は自己資本比率が高いですが、中小企業は相変わらず銀行からの融資に依存しています。ですから、デフレは中小企業を苦しめますが、中小企業の声が経済政策に反映されなくなっている。

これも後で議論しますが、特にグローバリズムが進むと、国益よりも企業の利益が優先されるようになります。そこで、グローバル企業にしてみれば、貿易の自由や労働市場の自由によって、利益の確保を第一に考えるようになるわけです。

これがバブル崩壊後の「日本のやり方はダメだ」という論調と合体して、「日本は閉鎖的だ」「産業が非効率だ」となり、だから「改革が必要だ」という主張になっていったわけです。もちろん、彼らもわざとデフレを推進させようとしているわけではないでしょうが、さまざまな思惑と結びついて、そちらのほうに流れやすいのです。

一方、国内産業にしてみれば、本来、デフレは避けたいことのはずですが、そうした企業のトップは現在、団塊の世代が中心で、彼らは１９８０年代のバブルを謳歌《おうか》した世代ですね。

こういう人たちは自分たちがバブル時代に多少失敗してもなんとかなった体験から「と

りあえずやってみて、間違えたらやり直せばいい」と考えている。苦労していないから、取り返しのつかない判断というものがあるという真剣さがない。民主党への政権交代もそういう気分で選択したような人たちです。

結局、こうした国内企業の経営者たちも、構造改革やグローバル化推進論者の論調に乗って、「構造改革やグローバル化が必要だ」と言い出すわけです。「一度やって、だめなら元に戻せばいい」と。そして「最近の若者は内向き志向だ」「外に打って出るべきだ」などとこき下ろす。しかし、日本は少子高齢化で年寄りが多すぎるのだから、「そういう、あんたたちが自ら海外へ出ていけばいいだろう」と言いたくなります。

一方、これから賃金を稼がなくてはならない若い世代は、デフレが進むと賃金が下がるわけですから、辛い。でも、少子高齢化でそういった若い世代が少ないものですから、どうしても世論を動かす力としては弱いのです。

加えて若い世代は、いまの50代以上の「勝ち逃げ世代」と違って、雇用や年金などの不安もあり、それが「世代間格差」という不満につながっている。自分たちは貧乏クジを引かされた世代だという意識がありますから、マスコミなどが「改革」や「開国」と言って煽《あお》ると、それに飛びつきやすい素地があるのです。

こうして、上から下まで、構造改革やグローバル化こそが正しい選択であるかのような世論ができ上がってしまった。これがリーマン・ショック以前くらいまでの日本の状況でしょうか。

それでも、今回のＴＰＰ問題では、僕は思ったより善戦できたと思っています。結局、野田佳彦総理は２０１１年11月14日のＡＰＥＣにおいてＴＰＰの交渉参加を表明してしまいましたが、われわれも国内の反ＴＰＰ機運を高め、国民にその危険性を知らせることができた。

郵政民営化の頃だったら、大敗北していたことでしょう。あの実力者の平沼赳夫《たけお》氏ですら、郵政選挙ではやられましたからね。だから、この５年間で日本はだいぶ変わってきてはいるんです。でも、変わらない人たちがいる。

◎日本を滅ぼす「新自由主義」が人気を集める理由

三橋　ただ、その郵政民営化にしてもＴＰＰにしても、あるいは構造改革、グローバリズム、トリクルダウン理論にしても、本当に国民が理解できているかというと、難しいですよ。それこそ、経済史をアンドリュー・メロンの時代からずっと辿ってくれば「なるほど、こういうことなんだ」とわかりますが。

1929年の大恐慌時、フーヴァー大統領の下でアメリカの財務長官を務めたメロンは、大企業への減税や公共投資削減など、政府の経済介入を最小限に抑える政策を実施しました。これは経済を市場の原理に任せるという古典的な自由主義的経済政策だと言えます。ところがこれにより、大恐慌を深刻化させてしまった。

何しろ、29年からわずか4年間でアメリカのGDPは半分になり、失業率は3・1%から24・9%に跳ね上がったのです。しかも、この24・9%というのは全国の話で、都市部では50%でした。

当時のアメリカでは、都市で市民が「飢えで失神する」といった事態が起きました。アメリカに食料が足りなかったのではありません。むしろ、余りに余っており、価格下落を避けるために、農地で農産物を腐らせていたほどです。失業者はそれを購入するための所得がなかったのです。結果、国内に食料が溢《あふ》れているにもかかわらず、市民が飢えた。理由は、所得を得るための雇用がないからです。これがデフレ、恐慌の真の恐ろしさと言えます。

大恐慌を食い止めたのは、フーヴァーの後の大統領フランクリン・ルーズベルトでした。ルーズベルトは、公共投資を増やすなど政府の経済介入を進めるニューディール政策を行いました。こちらは、恐慌から脱するには政府が経済政策を通じて有効需要を作り出す必要があるという、いわゆるケインズ主義的な政策です。

そしていま、デフレである日本に必要なのは、メロン的ではなく、ルーズベルト的な政策なのです。あるいは日本で言えば、大恐慌下で緊縮財政を行い経済をさらに低迷させた浜口雄幸《おさち》や井上準之助的な政策ではなく、積極財政により世界最速で日本を不況から脱出させた高橋是清《これきよ》的な政策が求められているのです。

しかし、そのことが国民に理解されているかどうか、はなはだ疑問です。財政規律のために公共投資削減やムダを省くといった論調がもてはやされ、さらに消費税の増税が行われようとしています。これではデフレ脱却などできるはずがありません。

ＴＰＰにしても、日本の農業問題ばかりに注目が集まっていますが、農産物以外にも、海外の安い製品やサービスが日本国内に流れ込む、つまり供給能力が上がるわけですから、デフレを促進させる効果しかない。何しろ「ＴＰＰに入ると牛丼が値下がりしますよ」などと煽っている連中がいるわけですから、ＴＰＰで「物価が下落」することは間違いないわけです。すなわち、デフレの深刻化です。

にもかかわらず、世論の多くは、マスコミや政治家の論調に流されて、「公共投資削減」「グローバル化」「官から民へ」といった方向に喝采《かっさい》を送っています。

中野　かわいそうなことに日本人は、竹中平蔵・小泉改革的な「改革なくして成長なし」「痛みに耐えろ」式の構造改革か、旧社会党あるいは鳩山マニフェストのような、理論的積み上げもないまま「弱者への思いやりや優しさ」を主張する〝馬鹿げたお花畑サヨク〟の2種類しか知りません。これではどうにもならない。

構造改革が失敗したとなったらお花畑に行って、お花畑ではダメだとなったら、また構造改革に戻る。この2つの選択肢は、最悪の両極端です。

2つの間に、スウェーデン型の高福祉・高負担の超福祉国家とか、昔の日本のような政府は小さいが企業が共同体的で雇用を守る国家とか、スウェーデン型と日本型の中間といった感じのドイツ型だとか、もっとまともな選択肢が山ほどあるのに……。現状では、あまりにも議論が乏しすぎるのです。

日本の政党で怖いと思うのが「みんなの党」です。みんなの党は、どれだけ議論が矛盾していようが、大衆受けするポピュリズム的なことを必ず言うのです。TPP賛成、デフレ脱却、日銀法改正、あるいは官僚解体、電力自由化。本当は相反するはずの政策を、ずらりと並べて見せる。

この前講演で「みんな間違いの党」と言ったら、すごくウケました。

要は、こういうことなのです。構造改革が叫ばれた頃からずっと言われている言葉に、

「閉塞感《へいそくかん》がある」というものがあります。その閉塞感を打破するためには、思い切った政策が必要だ、というのが構造改革主義者やグローバル化推進論者の言い分なのです。ＴＰＰ問題にまつわる議論でも、さんざん聞かされました。

三橋　いまの日本に閉塞感があるのはわかります。

しかし、それもデフレから脱却して、みんなの給料が上がれば解消するでしょう。デフレが深刻化し、失業率が上がり、社会不安が高まり、さらに自らの所得も増えていかないのでは、社会に閉塞感が蔓延《まんえん》するのも、むしろ当たり前すぎるほど当たり前です。

日本がデフレから脱却しさえすれば、名目ＧＤＰが拡大し、税収も増えて、社会保障費の問題も解決に向かいます。日本のインフレ率が健全な水準に高まると、実質金利が下がり、企業の投資が増えて円安になり、輸出製造業が恩恵を受けます。

現在の日本はデフレですから、物価が下がる一方で、お金の価値が上がる。つまり、いまモノを買ったり設備投資をせずに、お金を持っていれば、金利が付いているのと同じ効果になります。

日本の名目金利（10年もの国債の長期金利）は０・９％ですが、10年間のインフレ率がマイナス１％とすれば、実質金利は１・９％です。実質金利が高く、さらにデフレで売り上げを上げにくいのでは、企業の投資意欲も湧かない。日本の企業が投資を拡大すれば、確かにデフレ脱却には向かいますが、投資効率がここまで低い状況で、企業経営者に「投資してください」などと言っても無理な話です。

米国債の10年もの国債の名目金利は1・85%程度、インフレ率は2%以上プラスなので、実質的にはマイナス金利になっている。日本のほうが実質金利が高いのです。しかもアメリカは2011年6月までQE2（量的金融緩和第2弾）で6000億ドルものマネーを市場に流した。これではドル安・円高になるのも当然でしょう。

日本の苦境の根本原因は、デフレなのです。

どうやってデフレから脱却するかといえば、私たちが常に繰り返し言っているように、ごく普通のデフレ対策をすればいいだけです。つまり、財政政策と金融政策のパッケージです。政府が国債を大量発行して、それを日銀が買い取り、そのお金で政府が公共投資を行い、お金を市中に流す。

政府が公共投資に使ったお金は、そのまま日本のGDPを押し上げますし、お金が回って民間需要を刺激しますから、デフレから脱却できるわけです。

こうした財政政策と金融政策のパッケージを断行することで、市中に流れる日本円が増えるわけですから、円の価値が下がり、円高も解消に向かう。国民の所得水準も上がり、失業率も低下する。さらに名目GDPが伸長すれば、政府は増収になりますから、財務省が大好きな「財政再建」も達成できます。

このように、やるべきことは、はっきりしているのです。いまやるべきことは、間違っても民間需要を冷やす消費税増税、デフレを促進する構造改革やTPPなどではありません。

エリートである官僚も、そのことはわかっているのではないですか? なぜ財務省は財政出動より財政規律を優先させるのでしょうか。

◎官僚はなぜデフレを放置するのか

中野 1つの説明としては、おそらくこういうことなんです。財政出動すると決めると、どこに財政出動するかとか、予算や執行の手当てをどうするかとか、大変な作業が待っています。そういう建設的な作業をするには、大変な労力と時間がかかりますが、残念なことにその活力がない人間が多いのです。これは主に、政治家と官僚の問題ですね。

TPP問題でも同じ構図がありました。第3章で改めて述べますが、TPP賛成論者が、

「農業をＴＰＰで全部自由化して農業改革するんだ」と言っても、彼らが責任を取るわけではありません。とにかく自由化して勝ち負けが決まったら、どういう結果であれ、それが最善だと言い張る連中ですから、農業改革といっても、要は単に放置するだけで、何もしないのです。

これに対してＴＰＰ反対論者、つまり「農業を守れ」と言っている人たちは、日本の農業を立て直すことがいかに大変かがわかっています。具体的な策を説明するだけでも骨が折れますし、実行するとなると何十年とかかるでしょうね。だからＴＰＰ反対論者は忍耐力がありますよ。

その忍耐力がない人間たちが「農業なんて自由化してしまえ」と言っているだけなのです。ＴＰＰ反対論者に対して、賛成論者は口癖のように「では日本の農業はこのままでいいのか。対案を出せ」と言ってきます。

対案はあります。しかしその対案は、ＴＰＰ賛成論者の忍耐を超える時間をかけないと説明できないほど複雑なものです。だから対案が出てきたとしても、ＴＰＰ賛成論者たちは「わかりにくい！」「それじゃあ、遅すぎる！」「対案にならない！」と耳をふさいでしまう。彼らは、自由化すれば簡単に大規模で効率的で競争力のある農業がすぐにできると思っているんでしょう。

だからTPP賛成論者は、いつまでたってもTPP反対論者と真剣に議論し、考えることができない。

これと同様に、財務省も財政出動によって景気回復し、それによる税の増収で財政再建するというプロセスに対する忍耐力がない。だからはじめに増税ありきとなってしまうのです。

さらに言えば、財務省が緊縮財政を好み、財政出動やケインズ主義を無駄だと信じ込んでいる理由について、役人をやっていると実感できることがあります。財政出動となると、財務省は、さまざまな陳述を受け付けて、無駄なものを排除して、必要なものに予算をつける作業を行います。ところが、「こっちに橋をつくれ」「こっちに道路をつくれ」と、地元の陳情団が政治家の秘書を伴ってわんさかやってくる。うるさい電話がガンガンかかってくる。実際、政治に圧力をかけて利益を得ようとする連中にはろくなのがいないのは事実です。すると官僚たちは、「なんでこんな奴らにお金が回るんだろう」と考え込んでしまうのです。

とは言っても、本来、政治とは所詮そういうもので、大人であれば、清濁《せいだく》併せ呑んで仕事をしていかなければならないはずです。でも最近の官僚は偏差値教育とデスクワークで純粋培養されて頭の中がお花畑のエリート、いわば子どもなので、「こんな奴らに大事な血税を与えるのか？　俺は、こんな奴らのために官僚になったんじゃない。俺が一生懸命働くことに意味があるのか？」と思い詰めてしまう。連日のように徹夜させられて、家族を犠牲にして働いているのに、こんな思いをする。もう耐えられない。

そんな個人的な経験の積み重ねから、官僚は「財政出動は無駄なんだ」という考えを抱くようになるのです。「公共事業をやるくらいならば、もっとＩＴにお金を回したほうがいいんじゃないか？」と考えるようになっても不思議ではありません。

ついでにいまの官僚の幹部が経済学を学んだのは、１９８０年代や90年代ですね。「ケインズ主義は古い。インフレを起こすだけだ」「財政出動はグローバル化によって無効になった」「これからは金融の時代だ」と、大学や大学院で教わっていたわけです。

しかしケインズが「不況時には穴を掘って埋め戻せばいい」と言ったように、本来デフレ時においては無駄な財政出動というものはあり得ません。とにかく何でもいいから財政出動して、民間に金を回し、需要を喚起しなくてはならないのです。それなのに財務官僚は、穴を掘って埋め戻すような繰り返しに耐えられない。

政治家が財政出動しなくてはならないと言ったところで、官僚や元官僚たちは「先生、おっしゃることもわかります。でも私の経験からすると、無駄が多いんですよ」という話を延々としゃべるんです。要するにエリート官僚は、「俺はこんな無駄なことをしたくて役所に入ったんじゃない」というプライドがあるために、財政出動に反対するというわけです。

ある議員先生にこの話をしたところ、「自分も最近、財務官僚が財政出動を嫌う理由がそれだと、ようやくわかった」と答えてくれました。


三橋　確かに無駄は無駄でしょうが……。それは要するに財務官僚は、政府の仕事と民間の仕事を混同しているのではないでしょうか。

民間企業が無駄な仕事をしていたら経営が成り立ちません。しかしデフレのときに政府が仕事をつくらなかったら、いったい、ほかの誰がつくるのかという話です。

日本で公共事業を批判する人は、よく「採算が合わない」とか「赤字事業はダメだ」とか妙なことを言います。そもそも事業単体で採算が合い、黒字になるような事業を政府がやってはダメでしょう。利益が出るならば、政府ではなく民間がやるべきです。単体では赤字になり、採算が取れないかもしれないが、国民経済の成長には貢献する事業であれば、政府は公費を使ってでもやるべきなのです。

そもそも「赤字の公共事業は」とか言っている人は、目の前の道路を使うべきじゃありませんよね。何しろ、一般道路は通行料を取っているわけではないので、単体で見れば間違いなく赤字です。「じゃあ、赤字だからあなたの家の前の道路は舗装しなくても構わないんですね」と言いたくなるわけです。

そのことをちゃんと政治家が説明しなくてはいけない。前述したように、日本のデフレギャップ（供給能力と需要の差）は20兆円とも40兆円とも言われています。日本国内の供給能力に比べて、需要は20兆～40兆円も低いのです。

需要が少ないからモノの価格が下がる。これがデフレです。デフレギャップを自発的に解消することは、民間には無理です。となると、政府が財政出動をして、お金を民間に回し、需要を創りださなくては、デフレは進む一方ということになります。

◎財政破綻論と増税、新自由主義、構造改革論の連携

三橋　それにしても、最近つくづく思うのは、資本主義の神様は本当にいる、ということです。

例えば、日本の長期金利はバブル期には先物で8％もありました。何と、いまのイタリアを上回っていたわけです。まあ、バブル期の日本の長期金利が上昇したのは「あまりにも景気が良すぎ、民間が金を借りまくったため」であり、イタリアのような財政問題があ

ったわけではないのですが。というよりも、バブル期の日本は税収が増え、景気対策も不要だったため、基礎的財政収支は黒字化していたわけです。

それがバブル崩壊後、民間が誰も金を借りなくなって、いまは長期金利が１％未満でしょう。これは「金利が安いのだから、政府は国債を発行しなさい。それを次の成長につなげなさい」という資本主義の神様からのメッセージではないか。国債を発行して得たお金で何をするかと言えば、もちろん東日本大震災の復興に使います。仮にそれがなかったとしても、やることはいくらでもあります。

例えばいま、日本は50年前の高度成長期に整備された日本中の橋や道路などインフラのメンテナンス期にあります。いまの日本の公共投資は１９９６年比で半分、さらに言えば１９８９年の水準すら下回っていますから、どれもこもうボロボロの状態です。公共投資の額が30年前を下回っている国など、戦争や内乱をやっていた国を除けば、間違いなく日本だけですよ。こうしたインフラ整備を民間がやるはずがありません。政府がやらなくてはいけないのです。

ですから「ご先祖様、50年前にインフラをつくってくれてありがとう。でももうボロボロになりました」ということで政府が国債発行で金を借りて財政出動すれば、それでいいのです。

もちろん、財政出動と併せて金融緩和も必要になります。とにかく日本のマネタリーベースは、2007年以降は空恐ろしいほどに増えていないのです。これでは、デフレや円高が続いて当たり前です。具体的には、先ほど述べたように、政府の国債を日銀が買い取る、ということですね。日銀は国債買取りのために円を刷ってその資金に充《あ》てる。そうして円を市中に大量に注ぎ込むことで、デフレから脱却する。

ですから、いま求められているのは、思い切った財政出動と金融緩和のパッケージなのです。これによってインフレ率を高め、実質金利を下げるのです。これは、ごくごく普通のデフレ対策です。奇を衒《てら》わず普通のことをやりなさいと市場が言っているのです。

ところが、これを政府も官僚も日銀もやらない。むしろ「日本が財政破綻してしまう」と言って危機感を煽る。そして、「だから増税が必要」「規制緩和だ」「官から民へ」「外需を取り込め」「平成の開国だ」などという、さらにデフレを深刻化させる構造改革路線、新自由主義的政策ばかり主張する。

しかし彼らは、国債の金利が下がっている理由を説明できません。通常、デフォルトリスクがある債権は金利が暴騰しますが、格付け会社が日本国債をいくら格下げしても、日本の長期金利は下がり続けています。

その理由は簡単で、デフレで企業の投資が低調で、銀行の貸出も進まない。一方、家計

増え続ける銀行預金と進まない貸出

日本の銀行の貸出金、実質預金、預金超過額の推移（単位：10億円）

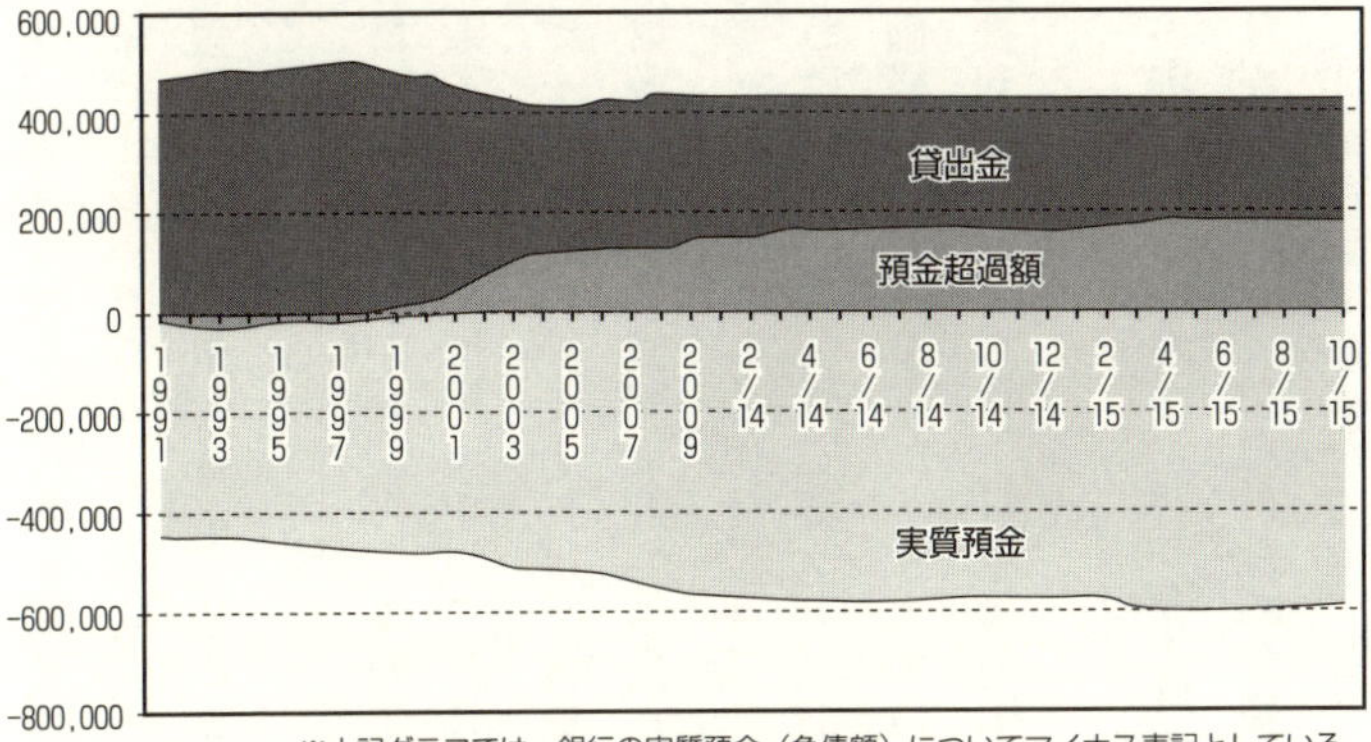

※上記グラフでは、銀行の実質預金（負債額）についてマイナス表記としている。

出典：日本銀行

日本の公務員数の比率は他国より少ない

一般政府雇用者対労働力人口比率　（06年）

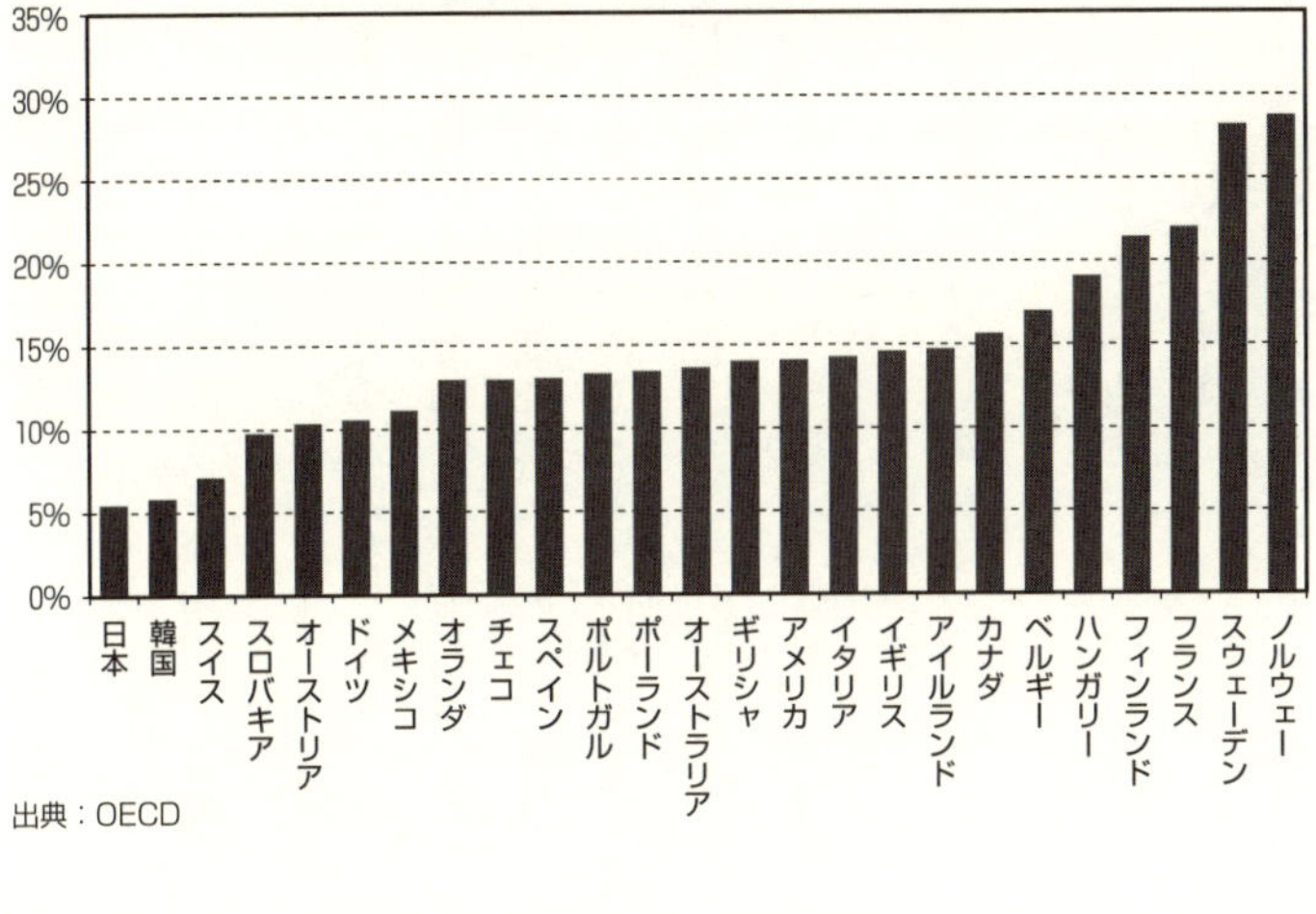

出典：OECD

は将来不安でお金を使いたくないのですから、銀行の預金残高はここ数年、増え続ける一方です（前ページ上グラフ）。

他方で銀行は金利を預金者に支払わなくてはならない。そこで日本国債で運用し、金利を預金者に支払っているわけです。

だから財政破綻論者がいくら「このまま国の借金が膨らめば、借り手がいなくなり、日本国債が暴落する！」と言っても、日本国債の長期金利は低いままなのです。何しろ、銀行は逆ザヤを避けたいのであれば、国債を「買うしかない」という変な状況なのですから。

しかし財政破綻論者は、最近「国債バブル」などと訳のわからないことを言い出して、危機感を煽っています。なぜ上限価格の決まっている国債のような商品がバブルになるのか。なるわけがない。かつてオランダが経験したチューリップ・バブルのように、投資対象の上限価格が青天井ならわかりますが。

公務員批判も筋違いです。日本は他国と比べても公務員の数は少ないのです（前ページ下グラフ）。

上記が事実にもかかわらず、「公務員の既得権を壊せ」「苦しんでいる俺たちと同じ思いをさせろ」などと叩き、公務員数の削減や公務員改革が叫ばれています。

その点、非常にまずかったのは、菅直人前首相が掲げた「最小不幸社会」です。あれはまさに「みんなで足を引っ張り合って下に留まろう」という話ですから。これはデフレを促進させる動きです。

いま必要なのは、そうじゃないんです。公務員叩きをするのは、単なるルサンチマン（強者への妬《ねた》み）でしょう。バブルの頃は民間のほうが恵まれていたじゃありませんか。民間企業の業績がぐんぐん伸びて、公務員のほうが民間を羨《うらや》み、「何であいつらの給料はこんなに高いんだ」と思っていたはずです。

それなら、またバブルを起こせば問題解決します。そこまでいかなくても、デフレから脱却すれば民間の給与は上がっていきます。そのうちに公務員を追い抜くでしょうから、変な足の引っ張り合いはやめて、国民所得全体を成長させる道を選ぶべきだと思うわけです。

絶対にそちらのほうが健康的ですし、健全ですよ。

中野 端的に言って、公務員の雇用はカウンターサイクリカル（景気対抗的）な効果を持っています。ビルト・イン・スタビライザーとも言いますが、景気の向きと逆方向に働きます。つまり、不況下には景気回復を後押しし、好況時には景気を抑制するのです。ですから、デフレ期にあるいまの日本には公務員の雇用を増やすことが必要なのです。

逆に好景気をさらに良くする、不景気をさらに悪くするなど、景気サイクルを増幅させてしまう現象をプロサイクリカルと言います。

カウンターサイクリカルのわかりやすい例として、法人税や所得税があります。法人税と所得税は累進性があるため、景気がいいときは税収が増えていきます。しかし税収が増えるということは、企業や国民の税負担が重くなるということですから、やがて景気が冷えてきます。だからバブルに至らずに済む。

逆に、不景気になると税収が落ち込みます。企業や国から見れば、法人税・所得税を払わなくていいわけだから税の負担が楽になる。つまり企業や国民の痛みが緩和されるわけです。このようなメカニズムをあらかじめ入れておくと、景気の変動を緩められます。

なお消費税はカウンターサイクリカルとは言えません。消費税は景気の善し悪しにかかわらず、安定的な財源です。財源が安定的だということは、「不景気でも税負担が重い」という意味です。逆に、景気がいいときもバブルを抑える効果がない。

一方、公務員や公的雇用には、カウンターサイクリカルの効果があるのです。つまり、景気がいいときも公務員の給料の上がり方などたかが知れています。一方で景気が悪くても給料はそこそこ保障されます。ということは、不景気時に公務員の雇用を拡大すれば、消費者を増やすという効果と、失業者を吸収するという効果を期待できます。逆に、景気が良くなれば、みんな給料のいい民間企業に流れていきますから、公務員の数は勝手に少なくなるというわけなのです。だから、デフレのいまは、公務員を増やすべきなのです。若者が就職難で苦しんでいるのなら、就職先を増やしてあげるべきなのです。

公務員の給料が相対的に高いのが気に入らないのであれば、デフレを脱却して、景気を良くすればいい。そうすれば公務員の給料は相対的に低くなります。

三橋　ただし、やはり公務員は雇用が守られている部分が多い。そのため、デフレ時に公務員を増やそうと言うと、「インフレになっても公務員の数は減らないに決まっている」という批判があります。

しかし、もし公務員を増やすのがいやなら、「それなら公共事業を増やせばいい」と私は思うのです。政府がお金を払って建設事業の雇用を確保するのですから、公務員を増やすのと効果は同じでしょう？

「それでインフレになったらどうするんだ」という批判もあるのですが、「そのときは仕事を出さなければいい」というだけの話です。公務員のクビを切るのはなかなか厳しいかもしれませんが、公共事業として建設業に仕事を出さないというのはいくらでもできるはずです。と言いますか、現時点でもやっている話です。これだけ公共事業を容赦なく削減しておきながら、「インフレになっても公共事業は減らせない」などと言う人の気が知れません。

このように、いくらでも解決策はあるのです。ところが「インフレになったらどうする」などと言って、何もしないでいる。目下の症状を手当てしようとしない。これが日本の現状です。

◎「効率化」と「生産性向上」の果て

中野　不景気になると、業績が悪化する企業がたくさん出てきます。銀行の不良債権も増えていきます。

新自由主義者たちは、こうした企業に対して「非効率だから業績が悪化して不良債権が増えるのだ」「こうした効率の悪い企業は市場から退場すべきだ」などと主張します。

しかし、不良債権があるから、効率の悪い企業が生き残っているから、不景気なのではない。原因と結果が逆なのです。不景気だから不良債権が増える。不景気だから、特にデフレだから効率の悪いように見える企業がある――これが正しい見方です。

小泉政権下で、不良債権処理の加速化が断行され、貸し渋りや貸し剥《は》がしなど、中小企業が無残な日に遭いましたが、その後、景気は回復し、不良債権の処理も終了しました。しかし、これは、2000年代、アメリカのバブルに起因する外需主導の景気回復によって不良債権がなくなっていったのであって、不良債権処理の加速化による中小企業の犠牲のおかげで景気が回復したのではありません。

効率の悪い企業というと、すぐにでも市場から消えていきそうなイメージがありますが、実際は人間の生活がかかっていますから、簡単に企業を潰《つぶ》して整理したり、人を解雇したりといった「人でなし」なことはそうそうできないものです。特に日本では、かつては、そういった意識が強かった。つまりそこは市場原理が働かないようになっている。

というわけで不景気になると、人件費をカットできず、赤字のまま存続する企業がたくさん出てくるのです。赤字企業があるから不景気なのではありません。

ところが、原因と結果を取り違えてしまう人がいます。「本来は潰れるべき非効率な企業が生き残っている。だからいつまでも日本は不景気なんだ」と言い出す。あるいは「不良債権があるからお金が回らないんだ」。だから、赤字企業を淘汰すれば効率が良くなるのだ、というわけです。

先ほども話題に上りましたが、アメリカの大恐慌時に財務長官だったアンドリュー・メロンの考え方は、「労働を清算しよう。株式を清算しよう。農民を清算しよう。不動産を清算しよう。そうすれば、システムから不完全なものが一掃され、人々が勤勉に働き、道徳的な生活を送るようになるだろう」というものでした。しかしその考え方が、大恐慌を深刻化させたのです。

実際は、淘汰された者がこの世から消えるわけにはいかないのです。彼らは生きている人間なのですから。

「淘汰された者は市場から退出せよ」と言いますが、彼らが退出するということは、多くの人が失業者になるということです。失業者たちは消費をしませんから、したがって需要全体が小さくなり、デフレを加速させることになる。

供給だけを見て「供給が過剰だから淘汰すればいいんだ」と考えるのは間違いです。その供給を担っている人たちは、供給することで稼いだお金を需要に充てています。つまり供給を淘汰すると、需要まで一緒に消えてしまうのです。

三橋　実際、アメリカの大恐慌時、メロン財務長官は余った供給を削り、需給バランスを回復させようとした結果、アメリカの需要、つまりGDPは半分にまで落ち込んでしまいました。デフレ期に供給能力を削る、つまりリストラや企業倒産を促進すると、肝心の国民所得も落ちていってしまい、状況が悪化するだけなのです。

中野さんの話に付け加えると、「生産性」という言葉がありますね。生産性とは、言い換えれば「労働者1人当たりの付加価値」のことです。生産性を高めるには、付加価値を拡大するか、労働者を削るかしかありません。

デフレ時は物価が下がっていきますから、企業は同じ製品を同じ数だけ売っても、売上げが下がり、当然の話として付加価値も減ります。そんなときに生産性を上げようと思ったら労働者を解雇するしかありません。それもやむなしということで労働者を解雇する。すると需要がどんどん小さくなる。こうしてデフレ・スパイラルにハマっていくのです。

私が中小企業診断士の資格を取るときにものすごく違和感があったのがそこでした。カリキュラムがとにかく、世の中は「効率がすべて」であると言い切っているスタイルだったのです。これでは、デフレ期で失業が問題になっているときに、さらに人を削るしかない。そしてまた失業率が上がり、需要が減り、デフレが深刻化する。悪循環です。

そもそも「デフレ」という環境条件が、「生産性を高める」という言葉の中で考慮されていない。「イノベーション」も、「頑張る者が報われる社会」もそうです。大田弘子氏や竹中平蔵氏がよく使う言葉ですが、それが何をもたらすのか、考慮されていないのです。

どうして普通の、ベンジャミン・フランクリン的な価値観――例えば「1セントを節約することは1セントを稼ぐことと同じである」が通用しないかというと、それだけ、デフレが異常な世界だということなのでしょう。デフレ期にはみんながみんな、1セントを節約するので、単に国民全体の所得が下がっていくというオチになります。何しろ、誰かが1セントを節約したとき、誰かの所得がその分「増えなかった」という話になってしまいますので。

まぁ、わからないでもないんです。インフレは数年に1回必ず起こるものですが、デフレというのは、おそらく100年に1回の現象ですから。でも本当に情けない。現在の日本は、1930年代の不況時とまったく同じ議論をしているのです。

◎グローバル化で乖離した国民と企業の利益

三橋　デフレをさらに加速させてしまうような方向に日本が進み、マスコミまでもがそれを煽り立てる。

そのマスコミを動かしているのは何かというと、やはり、経済はできる限り市場に委ねるべきだという、ミルトン・フリードマンの自由主義的な考えの人が多いということだと思います。なかでもマスコミのスポンサーとして影響力が大きい経団連は、派遣労働の規制緩和や移民受け入れを主張するなど、露骨なほど構造改革やグローバル化を推し進めようとしています。

経団連はもちろんＴＰＰに賛成しています。しかし、経団連の会長は住友化学の会長ですが、同社は米国のバイオ化学メーカー・モンサントと提携しています。言うまでもなく、モンサントは遺伝子組換え作物で世界トップシェアを持つグローバル企業で、日本がＴＰＰに参加すれば、農業分野に乗り出してくることは明らかでしょう。

経団連の会長も、ＴＰＰに参加するほうが、自社の経営のために好ましいと思っているのでしょう。逆に、ＴＰＰに参加しなければ、住友化学がモンサントと提携した意味が薄れてしまうというわけです。

これは端的に言って、企業としての堕落です。経団連というものは、自社の経営上のメリットのためではなく、国民全体の成長のためにあるのに、いまはそんなことを考えなくなりました。これは、いつからなのでしょう？

中野　おそらく１９８０年代後半からではないかと僕は考えています。90年代以降に特に顕著になりましたが。

その大きな理由の１つは、やはり経済がグローバル化したことです。

20世紀初頭までは、労働者の賃金が下がっていくこと（人件費のカット）は、企業にとっていいことだとされていました。しかし一方では、人件費がカットされると労働者の給与が下がり、国内市場が縮んでしまうというデメリットがあった。

そこでヘンリー・フォードは、人件費はかかるけれども労働者の給与を上げれば、フォード社の労働者たちは自社の自動車も買うだろう――こういう計算のもとで労働者の賃金を上げたのです。これがフォーディズムの考え方ですね。結果的にそれは成功しました。こういう考え方が国レベルで行われることで、労働者の購買力が増し、やがて国内市場全体が成長していくのです。

ところが経済がグローバル化し、中国やインドが大量の低賃金労働者を供給するようになると、企業は海外の安い労働力を使うようになります。あるいは国内で労働者を雇用したとしても、賃金を抑えようとします。もちろん、これでは国内需要が縮まりますが、グローバル化した環境下で、企業はそれでも構わないと考えるようになりました。

なぜなら、製品は海外に輸出すればいいと考えるからです。つまり外需を取ればいい、だから内需が縮まってもいい。そこで国内の労働者の賃金は低くてもいい、いや低いほうが人件費が抑えられて競争力がつくからいいということになるのです。90年代から日本で非正規雇用者が急増した理由は、こうしたグローバル化と無関係ではありません。実際、非正規雇用を増やすような労働市場の構造改革を推し進めたのは、経団連など輸出企業のトップたちです。

このように、経済のグローバル化によって、国民の利益と企業の利益はズレていくようになったのです。

三橋　本来ならば、いくらグローバル化しても、国民の利益と企業の利益はズレていないはずです。むしろグローバル化によって企業の利益が高まると考えるのは幻想なのです。

なぜかというと、決してバカにしているわけではありませんが、インドや中国で日本製品がどれだけ売れたとしても、それが日本企業の付加価値向上に本当に役に立っているのか疑問が残ります。というのも、いま日本で売れているものをそのまま海外で売っているだけではないですか。

本来、企業というものは、技術開発をし、投資を拡大して、バリバリに競争して安くて新しい製品をつくるなかで成長していくべきだと私は思います。つまり、市場、内需側に企業の製品を選別し、競争力を高める厳しい目がなければならないわけです。それなのに厳しい日本市場での成長ではなく外需頼みというのは、要は楽な道を選んでいるのです。

その楽な道を選んで破綻したのが、アメリカのＧＭ（ゼネラル・モーターズ）ではないでしょうか。彼らは日本企業との競争を怠りました。アメリカ製自動車が日本で売れないからといって、技術開発や投資ではなくロビイストや献金を使い、政治家に圧力をかけ、アメリカ政府を通じて日本の社会制度システムを変更させることで、経営不振をしのごうとした。

GMだけではありません。アメリカの製造業は競争を拒否して、「製品を売るためにどうするの?」「よし社会制度を変えよう」「そのためにはどうしたらいいの?」「政治家を動かそう」「献金しよう、ロビイストを動かそう」とやってきた。これでは、企業の競争力は絶対に磨かれません。

アメリカの企業が自国内でそれをやるのは一向に構いません。しかしアメリカが、他の国にまでそれをやり始めたら……これはTPPの本質でもありますね。

中野　おそらく、経団連が堕落したもう1つの理由が、いま三橋さんが指摘した話と関係しています。

アメリカは1980年代から、そうやって自分たちで競争しようとしないで、政府に圧力をかけて、社会制度そのものを自分たちの有利にするという動きを始めました。

ルール変更によってアメリカに有利な状況をつくるには、政治力が要ります。そこでアメリカ企業は政治に近づきました。日本企業が70年代後半から80年代にかけてアメリカ企業と競争し勝ちまくる中で、アメリカ企業は政治力を使って日本企業を押さえ込むという選択をした。

それが形となって現れたのが、1980年代末からの日米構造協議や、1990年代の日米包括経済協議、年次改革要望書あるいは自動車摩擦でした。アメリカの製品が売れないのは日本の市場が閉鎖的だからだ、日本の商慣習がおかしいからだという「非関税障壁」が問題とされ、さまざまな要求がつきつけられました。郵政民営化もその1つです。

現在のTPPもその流れの一環として出てきた話だと思いますが、それはともかく、日本政府はアメリカ政府よりも外交力が弱いために、やられっ放しになりました。

そのさまを見て、おそらく日本の輸出企業は、アメリカのやり方を学んでいったのです。つまり日本企業は、アメリカ企業にやられないようにするために、敵の戦い方を真似したのです。

アメリカ企業にやられないようにするためには、アメリカ国内で日本企業のロビイングをする必要があります。アメリカで工場を建て、アメリカで雇用を確保して、「この州の雇用はトヨタの工場が支えていますよ」ということになれば、その州の議員はトヨタのために動いてくれるだろうと考えたわけですね。

このような形で、日本企業はグローバル化していきました。そして同じやり方を日本国内に対しても行おうという思いを抱いたはずです。

つまり、あらかじめ与えられたルールの中で戦うのではなくて、日本政府に対して影響力を行使する。例えば、派遣労働や移民政策などについて、圧力をかけることを考えたのです。

これはまさに90年代以降、日本で行政改革、政治改革、道州制といった、アメリカをモデルにした制度改革論議が花盛りになったという流れと重なります。日本のアメリカ化ですね。

そして、２００１年に日本政府が民間有識者の意見を政策形成に反映させることを目的に経済財政諮問会議が作られますが、企業側の思惑とこの会議の目的が、ピタッと一致しました。経済財政諮問会議というのは言い換えると、民主的な手続きを〝すっ飛ばして〟、直接、財界の意向を政府に伝えて制度をいじくるためのトランスミッションベルトです。

こうして日本は「大企業からのロビイングで動く政治家」をつくるところまで、アメリカを真似てしまったのです。

しかし、三橋さんが述べたように、中長期的に考えればそれは企業を堕落させることになります。ですから、あえて社名は出しませんが、政治に近い某自動車会社よりも、政治から距離を置いている某自動車会社のほうが、技術的には優れているでしょうね。

それなのに、なぜ日本企業はそういった安易な方向に進んでいるのか。これもアメリカを見習っていることに関係していますが、日本でも株主の力が強くなったことが理由として挙げられるでしょう。いわゆる株主資本主義というものですが、それ自体がアメリカ的です。

◎グローバル化による民主主義否定と独裁

三橋　ただ、ロビイングや政治献金が悪いわけではありません。例えばトヨタはケンタッキー州に大きな工場を持っています。そこでアメリカ国民のために雇用をつくっているのですから、現地の議員に影響力を持ち、アメリカ政府を動かして、何か悪いことがあるかというと、そんなことはない。民主主義の基本じゃないですか。

ところが、あまりにも度がすぎると、良くないということなのです。いまは、大企業が影響力を持ちすぎている。大事なのは、孔子の言った中庸、あるいはアリストテレスの言葉メソーテス（中間に徳がある）でしょうね。

族議員的な、あるいはロビイスト的なものをすべて否定するのではなく、また逆に、それらすべてを許しますといって企業の好きにさせるわけでもないと。そのバランスが崩れてしまっているだけではないでしょうか。

中野　企業がロビイングをやってはいけないとは言わないけれども、その企業がグローバル化すると、平気で国民の利益に反するようなロビイングをやってしまうことが問題なのですね。

誤解を恐れずに言えば、グローバル化する前は、大企業が利益誘導をやっても、その利益は国内のどこかにとどまって内需になっていただけマシでした。例えば、建設業が公共投資で利益を得て、その利益を銀座で飲み食いすることで内需を拡大するとか。ところが、グローバル企業は、得た利益を海外の株主に回してしまいますから、国内に金が落ちないということがある。

それから経営層に対抗する労働組合的な対抗力が必要ですね。

日本の場合は、昔から「労使協調」ということでバランスをとってきました。戦後すぐの時代はストが頻発していましたが、次第に企業も学んでいったわけです。労働組合が文句を言う前に、企業が組合の意向に沿うような妥協案を出す。「俺たち、同じ釜の飯を食っている仲間だろ?」「ブルーカラーとホワイトカラーの給料の差も大きくないだろ?」などと言って、経営者と労働者の賃金格差もそれほど大きくせず、さらには終身雇用や年功序列で調整し、会社の一体感を高めました。お互いに対立ばかりしていたら国民全体が沈没しますからね。

民主主義にしても、やたらと利益の引っ張り合いをすると、バランスが崩れてしまいます。特にアメリカはもう壊れていますが、全体のバランスを維持するには、民主主義でいくら要求をしても通らないような仕組みもある程度は必要になります。

その仕組みの１つが法律で、その最も強力なものが憲法です。民主主義によって、例えば私的財産権の侵害を平気で許すような法律を作ったり、言論の自由を弾圧するような法律を作ったりすると、憲法違反だとされる。これもよく誤解されているのですが、憲法というものは、民主主義を制限するためのものなんです。

そして、同じような仕組みとして機能するのが、実は官僚制です。

イノベーション理論を生み、「創造的破壊」という言葉でも知られるヨーゼフ・アーロイス・シュンペーターは、民主主義が利益集団の利益の奪い合い、票の奪い合いによって堕落していくのを見て、「これは仕方がないことである。それでも民主主義がうまく回るようにするためにはどうしたら良いだろうか」と考えた人です。

シュンペーターは、その方法をいくつか挙げています。例えば「政治家はもっと立派でなくてはいけない」といった当たり前のことも含まれているのですが、そのうちの１つに

「官僚制を強化しろ」とあります。官僚は政治家からの圧力に屈しないように、ある程度独立性を高めなければならないというのです。

もちろん民主主義ですから、最終的には政治家が強いわけですが、それでも抑制を効かせる仕組みが必要だというわけです。つまり、政治家が強くて、官僚も強いというのが、彼の考える民主主義の姿なのです。

三橋　要はバランスが重要という話ですね。

新自由主義やグローバリズムは、市場原理に任せれば、「経済人」たる人々は合理的に考え行動し、それによって経済にとって最適効率な選択が行われる、ということが基本的な考えになっています。

しかしその新自由主義の考え方によって野放図な投資が行われ、サブプライム危機やリーマン・ショック、そしてユーロ危機を引き起こしたわけです。というよりも、そもそも新自由主義の下で企業が政府と結びついてしまうのでは、それは市場原理主義でも何でもないだろ、と思うわけですが。

それはともかく、民主主義にしても、あまりにこれを信用しすぎると、おかしなことが起きる可能性がある、ということですね。

ところで、先ほど憲法の話をされていましたけど、恐ろしいことに、新自由主義のシカゴ学派の人たちは、憲法の中に「財政均衡をやらなければならない」などと入れようとする。憲法まで変えられてしまうと、歯止めが効かなくなります。

中野　民主主義が、言論の自由を民主的に抑圧するなどして、全体主義化しないようにするために憲法があるわけです。つまり、ヒトラーのような人間が出てこないように憲法があった。

ところが、先ほど述べたように民主主義が強くなると、市場ではなく民主政治で資源配分をする動きが強くなります。これは行きすぎればインフレになるわけです。あちらこちらで「ここに橋を造ってくれ」「ここに鉄道を敷いてくれ」という声が上がり、その民衆の声に政治がすべて応えれば、明らかにインフレになりますし、財政がとめどもなく膨らみます。ですからインフレとは、民主主義が過剰な状態とも言えます。

そこで、インフレ対策のためにその民主主義を抑圧しないといけませんから、憲法に均衡財政と書き込み、抑圧しようということになるわけです。

これはある意味、経済政策を憲法でやろうということなのです。このやり方は、インフレ退治としては、魅力がないわけではないのですが、しかし、デフレのときはどうするのか。

もう1つの問題は、官僚です。市場原理主義、新自由主義に頭の中を乗っ取られてしまった官僚は、「官僚機構を使って民主主義を抑圧して、新自由主義的な改革をやろう」というふうに行きすぎることがあるのです。

要するに、本来、民主主義の行きすぎから「自由」を守るための仕組みである憲法や法律、あるいは官僚機構を、新自由主義者は、「経済的自由」を守るために限定して、民主主義を封じ込めるために悪用しようとしているのです。

三橋　財務省が、国内の議論をろくに経ぬまま、野田首相に海外で「消費税を増税します」などと言わせて国際公約にしてしまうといったやり方は実に姑息《こそく》です。そればかりか、2011年12月4日付の東京新聞の報道によると、「TPPの交渉参加に当たっては、日本政府の元関係者が複数名やって来て、日本がTPPの交渉参加に前向きになるよう圧力をかけてくれと頼みに来た」とカトラーUSTR（米通商代表部）通商代表補が発言したというんです。これでは民主主義とは言えません。
だからと言って、官僚がすべて民主主義に従うようになると、歯止めが効かなくなってしまいます。だから、このバランスをわれわれはきちんと考えなくてはいけない。

ＴＰＰも含めて、グローバリズムや新自由主義について、はたしてこれは民主主義を守るものなのか、それとも民主主義を否定するものなのか、という論点が必要です。

新自由主義とグローバリズムの結果、格差が拡大し、富の偏在が起こり、各国でデモや暴動が起きました。

ユーロ危機にしても、通貨統一によってユーロ圏の資本の移動をより自由にしましたが、ギリシャをはじめとしたＰＩＩＧＳ（ポルトガル、アイランド、イタリア、ギリシャ、スペイン）諸国は、いざデフォルトの危機に際して、通貨発行権の行使によって長期金利を抑制したり、自国通貨を切り下げるという方法がとれなくなりました。ユーロ加盟国はグローバリズムの名の下で、金融政策に関する主権を放棄して欧州中央銀行（ＥＣＢ）に預けたわけですが、結局のところ各国のナショナリズム（国民意識）は消えず、ニッチもサッチもいかない状況に陥っています。

要するに、グローバル化には、国民主権の放棄や民主主義の放棄といった危険性が潜んでいるということだと思います。

◎グローバリズムは国民主権を阻害する

中野　現在、世界では「新憲法主義」というものが広がりつつあります。これは憲法がその国の民主主義を制限する働きがあるように、グローバル経済において、各国の民主主義を制限するような「憲法」「条約」を作ろうという動きです。

どういうことかというと、世界のマーケットで市場原理を働かせるためには、各国の民主主義、つまりは国民主権を制限しなければならないという議論になっているのです。

もちろん、世界憲法は誰にも作れませんが、例えば欧州連合の創設を定めたマーストリヒト条約がその典型です。加盟国に一定の条件を設けることで、各国の主権を制限します。また、WTO（世界貿易機関）協定も同様です。WTOは150カ国が加入していますが、WTO協定で各国の国家主権が制限されています。その他にも、2国間のFTA（自由貿易協定）、EPA（経済連携協定）、TPP（環太平洋経済連携協定）も、国際条約によって参加国の主権を制限しています。

ここで問題になるのは、こうした国際条約というのはニュートラルに作られているわけではない、ということです。一番力の強い国、EUならばドイツとフランス、TPPならばアメリカによって作られるのです。

そして先ほど述べたように、アメリカの政治がアメリカ企業に乗っ取られれば、アメリカ企業の利益に従って各国がやられてしまう。まっ先にやられるのは、政治力、経済力が弱い発展途上国です。発展途上国は国際条約という外圧によって、ずっとやられっ放しです。

三橋 つまり新自由主義によって国家の利益より企業の利益が優先されるようになり、その企業の利益に従って国が動き、グローバリズムの潮流に乗って他国と経済協定や条約を結ぶ。しかしその国際条約は政治力が強い国の論理で作られる。

しかも、国際条約はその国の法律よりも上位という建前があるため、政治力の弱い国は国際条約によって自国の国家主権も民主主義も無視され、一方的に強国に搾取されてしまう。あるいは、弱い国の国民の主権が侵害されてしまう。

これが現在の新自由主義とグローバリズムの本質です。そしてTPPは、まさにそこが大きな問題点だったわけですね。

先ほどのマーストリヒト条約ですが、ユーロ加盟国はこの条約によって「財政赤字は対GDP3%まで」などと制限を受けています。現実にはどの国も守っていませんが、確かにこれは主権侵害です。

いま考えてみれば、よくもまあ各国の国民がこんなものを呑んだものだと思います。条文的には、失業率が50％でも財政赤字は３％以内に抑えなさいということですから。現実問題として、そんなことができるわけがない。

ユーロのこのおかしな制度、おかしな仕組みも、一応は民主主義的プロセスを経てはいますが、基本的にはユーロの官僚たちが勝手に決めたものです。

中野　ＥＵの官僚はブリュッセルにいますが、その官僚が民主主義を制限して、制度設計をしようとするわけです。

彼らは、立派で賢明な民衆や政治家が出てきたらうまくいき、そうじゃなかったらうまくいかないなどという不安定なものではなくて、普遍的な原理原則を発見して、制度を組み立てようとする。

こういった非常にテクノクラート的な考え方は、フランス人のエリート層に多いのです。

三橋　フランス人は、そういうのが好きですね。普遍的なシステムみたいなものに則《のっと》れば、すべてがうまくいくという考え方です。手塚治虫の『火の鳥』、あるいは竹宮恵子の『地《テ》球《ラ》へ…』にも描かれた世界。懐かしい。昔の日本人はそういった「普遍的な制度」あるいは「普遍的な制度の怖さ」について、ちゃんと考えていたんですね（笑）。ただ、マンガに描かれたのは「それは結局は不可能だよ」というメッセージでした。ところが、フランス人はそれを本気でやろうとしている。

話は変わりますが、ユーロの中央銀行の独立も、完全に「民主主義の制限」の一環です。中央銀行のような通貨発行機関を、民主主義的に選ばれる政府が持っていたら何をされるかわからない。だから政府と無関係のところに切り離す。新自由主義の提唱者であるミルトン・フリードマンは、確か「通貨発行額はルールを決めてコンピューターで勝手に発行すればいい」とまで言っています。要は、人にやらせると通貨を発行しすぎ、インフレになるに決まっているから、機械的に決めさせろ、という話です。

ただし、中央銀行の独立という発想はデフレ期には適さない、あくまでインフレ期の発想なのです。インフレの際には、政府のポピュリズムによって、止めどなく通貨が発行されてインフレがさらに加速する危険性が確かにあります。

しかしデフレ時は、政府の指導の下、通貨を発行する必要がある。それが財政政策と金融政策の一体化につながる。

さすがのフリードマンも、日本がデフレを10年以上も放っておくとは思わなかったのでしょう。

中野　おそらく、フリードマンの考え方の中に、デフレそのものがなかったのでしょう。つまり価格メカニズムを信じているから、価格が下がっていくということは、経済効率がどんどん良くなっていくということで、供給が需要を上回るわけだから、いいことだと捉えていたのだと思います。物が安くなった分で生じた余剰を、また投資に回せるではないかと。

実際、TPPはデフレを促進するという議論をすると、TPP賛成派の経済学者たちは「食料品が安くなるから、浮いたお金が別の消費に向かうだろう」と反論してきます。しかしデフレ下では、浮いたお金があっても現実には貯蓄に回ってしまうので、消費は増えません。

要するに、市場原理主義者にはデフレの観念がない。日本の市場原理主義者たちが、デフレを全然意識していないでインフレ対策のことばかり言っているのは、そのせいでもあります。

彼らには、デフレとは資本主義が動かない状態、市場経済が動かない状態だという認識自体がない。

ＥＵの官僚たちにもそういった認識がなくて、フランスのエリートたちは、前述したように非常に合理主義的な、政治などに左右されないシステムを作りたがります。ドイツもかつて民主主義によって選ばれたヒトラーで酷《ひど》い目に遭っているから、そういう傾向が強いですね。ただ、フランスにしても、パリにいるエリートはそういった官僚主義的テクノクラートですが、一般の人たちはそうでもなかったりする。

◎日本はエリートがバカでも国民が賢いから救いがある

三橋　作家の増田悦佐《えつすけ》さんは、「日本にはエリートがいない。一般国民は頭がいいけれど、上はバカだ」と言っています。そしてそれが結果的に、日本の国力を高めているという話です。彼は、こう書いています。

「無能きわまる指導者と、整然かつ淡々と自分の仕事をこなし、自主的に社会秩序を保つ賢い大衆という組み合わせが、欧米知的エリートに心の底から恐怖と憎悪を感じさせる組合せなのだ」（『日本と世界を揺り動かす物凄いこと』マガジンハウス）

デフレというのは、新自由主義ではどうにも説明できないものです。新自由主義とは利益追求のためのものですが、そもそもデフレでは儲からない。だからデフレという概念が理解できないのです。

インフレ時に、エリートや大企業たちが儲けやすいのは間違いない。それこそハイパーインフレーションに至ることもあります。そういう国に入っていって、社会制度も勝手に変えて、バリバリ儲けるのがグローバル企業です。

ただし、そういうことをやっても、アメリカ国民自体は全然儲からない。儲かるのは、投資家など一部のウォールストリートなどの人間だけ、という話です。だからオキュパイ・ウォールストリート運動が起きる。これも国民全体の利益と企業の利益が乖離してしまっている証の1つです。

というわけで、世界的に見ると民主主義はおかしくなっていますが、そういう意味では、日本は結構助かっています。構造改革主義者やグローバル化推進主義者が「もっと改革しろ」「開国しろ」と叫ぶほど、日本はまだ構造改革も開国も進んでいない。

その理由は、増田氏が言うように、日本の一般国民が賢く、エリートがバカだからだと、私は思っています。

中野 ヨーロッパでもアメリカでも、政策担当者が歪《ゆが》んだエリートで偏りやすいのは事実です。アメリカのエリートが典型ですが、高学歴の一部の人間たちだけが集まってサークルをつくり、固まっていくのです。「僕たちはエスタブリッシュメントだ」「俺たちは一番できる」「アイツはアイビーリーグじゃないからダメだ」とか言ってね。

彼らの感覚からすれば、アメリカの貧困層など怠惰で「努力していない」ように見える。こういった連中が人脈を持ち、政策決定に影響力を持つパワーエリートとなっていきます。

彼らは、例えばアメリカ経済の先行きを知りたいとなったら、投資銀行でぼろ儲けしているようなエリート仲間に電話で話を聞くわけです。ところが、金融の人たちの関心はマクロにはありません。これから市場がどうなるか、どこに投資すれば儲かるか、そういう話ばかりしています。

そんな仲間たちと会話をしているうちに、エリートは貧困層のことなんてますます考えなくなっていく。企業のコンサルタントと話していても「非効率部門は淘汰すればいいじゃないか」とあっさり言う。こんな人間たちが、クローズドサークルでアメリカを牛耳っているのは事実です。

日本のビジネスリーダーや官僚も、アメリカに行って人脈を作って帰ってくることがありますね。あれは要するに、そのクローズドサークルの中に入るということです。そのクローズドサークルの中に入っていないと、政治経済のハイレベルの情報や人脈にアクセスできない。

こうして、サークル内の価値観にも染まっていきます。例えば経済学の世界で新古典派が流行《はや》ると、新古典派のボキャブラリーを持っていないと仲間として認知されない。だから誰もがせっせと新古典派の経済学を学び、新古典派にあてはまらない考え方については、「そんなもの、誰も聞いてくれないので、何の役にも立たない」「そんなの経済学を知らない無知な奴の迷信だ」と口を揃えて言うようになります。

また、そのサークルの中で話をしていると、「日本は投資国として魅力がないよな」なんて言葉をさんざん聞かされることになります。日本はデフレですから投資国として魅力がないのは当たり前です。しかも、貯蓄過剰でお金は余っているので外資などいらないし、成熟した国だから、ボラティリティ（変動性）が低い。投資の魅力というのはボラティリティが大きいことですから、日本に魅力を感じないのも当然です。

しかし、ボラティリティが高い経済というのは、国民にとって不幸なことです。企業は事業計画もろくに立てられません。製造業、特に大規模装置産業のように長期の投資を必要とするような企業にとっては不幸です。ボラティリティが高いと将来が不透明になるので、そういう長期的な投資は避け、全部アウトソースしてしまう。ゼネラル・エレクトリックもそうですが、金融で儲けるしかなくなり、ほとんど金融機関みたいな企業になってしまいます。

ところが、日本のエリート君たちは、クローズドサークルの中でお友達のファンド・マネジャーから「日本に投資したくなるような産業構造にしてくれないと、世界から見捨てられるよ」とか言われると、言われるままに日本の産業構造を、ボラティリティの高いものに構造改革しようとします。その結果、日本が海外のファンドから投資先として魅力のあるものになりますが、それで海外のファンドは儲かって、日本国民は不幸になる。これが、この20年間の構造改革とグローバル化の顚末《てんまつ》です。

三橋　いまの話で思ったのは、一部の超エリートがバカな民衆を率いるという発想は、共産主義における前衛党論と同じということですね。マルクス・レーニン主義では、職業革命家による前衛党が労働者を指導することになっています。

ところが、それをありがたがっている人々が日本には結構いる。共産主義はボコボコに叩いていたくせに、なんで新自由主義に基づく前衛主義はいいんだ、という話ですよ。

中国などは、この考え方がぴったりなんです。共産党というエリート組織が最初からあって、その党員でなくては国政には与《あずか》れない。要は階級社会でしょう。

新自由主義のミルトン・フリードマンにしても、フリードリヒ・フォン・ハイエクにしても、もともとは共産主義と闘うために新自由主義を考えたのだと思います。社会主義的な政権が民主主義的にできてしまう、これはまずいということで新自由主義を提唱したのですが、私に言わせれば実際にやっていることが同じに見える。結局は「無知な大衆を、われわれエリートが指導してやる」という話で、この「われわれ」が共産主義者か、あるいは極端な自由主義者かの違いでしかない。

そのような前衛主義、アイビーリーグ的なものの対極にあるのが本来の民主主義なのですが、そうした本来の民主主義が機能してしまうと、彼らのやりたいようにはできないんです。誰だって、自分たちの所得が減るような政策には反対したくなりますから。

◎日本の健全な資本主義と民主主義を守れ

三橋　他の国では、階級が上の人たちの力が圧倒的に強い。一部のエリート層が情報を握って、莫大《ばくだい》な富を独占する。

しかし、日本は違う。だからアメリカのようにウォールストリートを占拠したりもしないし（日本のウォールストリートがどこかはわかりませんが）、中国のように暴動も起こさない、デモも大したことがない。こんなに酷い目に遭っているのに。

「いまの若い連中は、怠け者だ。根性がない！」と団塊の世代には言われてしまうかもしれませんが、実際には「他の国とは全然違うから！」という話です。いまや、世界で健全な資本主義、健全な民主主義というものが唯一残っているのが日本だけなのかもしれないのです。理由の1つは、エリートがバカだから。彼らも本当は自分たちで知識を独占して、アメリカや中国のような社会をつくりたいんでしょう。でもできないんです。自分たちがバカで、逆に国民の頭がいいからです。

中野さんは柴山桂太氏との共著である『グローバル恐慌の真相』などでは、結構悲観的なことを書いているじゃないですか。確かに状況を見たら悲観的かもしれませんが、唯一チャンスがあるのがこの日本じゃないのかなと私は思うんです。

バブルが崩壊した後にデフレになるのは、当たり前ですよ。実際にいま、世界中でそうなっていますよね。この後、おそらく新たな世界秩序みたいなものができるでしょう。そのときの世界が、アメリカの新自由主義や、中国の資本主義的共産主義になるのは、どちらもごめんなのです。はっきり言って、そのどちらになっても人類にとって不幸であると思っている。

では残されたのは、新たな世界においてモデルになれるような国はどこかと言ったら、日本しかないのではないか。健全な、正直な民主主義。その民主主義にしても、小泉政権下では暴走して、新自由主義的なものに一時になりかけていましたけどね。大切なのは、バランスです。バランスが維持されている資本主義と民主主義を武器に成長して、世界が真似するくらいの日本にならなくては人類の不幸です。

映画『エイリアン』の初期作に、資源を求めて貪欲《どんよく》に宇宙の星を開発していく企業が出てきますが、その従業員がエイリアンに次々と襲われていくシーンが出てきます。それが、アメリカ的な「超企業中心主義」が行き着くところじゃないかと思います。

そのような世界はいやですが、だからと言って中国的な世界もいやでしょう。中国の共産党的資本主義とアメリカの新自由主義というのは根っこが同じで、要するに「国家資本主義」です。国家資本主義というのは、国家が資本主義で儲けるのではなく、国家の一部のエリートのみが儲けるものです。本当の意味での国家資本主義であれば、国民全体を成長させようと考えるはずですが、ならないですよね。だから「国民」資本主義ではない。正しくは、国民資本主義にならなくてはいけないんです。

中野　僕はだから、グローバル・キャピタリズムではなく、三橋さんがいまおっしゃったようなナショナル・キャピタリズム（国民資本主義）が必要だと思っています。確かに三橋さんのおっしゃる通り、客観状況を見れば、日本は圧倒的に幸運だと言っていい。

ところがエリートがバカだということと、客観的な条件に恵まれているとはいえ、そこで有権者が甘ったれてふざけた判断をすると、国はあっという間に崩壊します。

いままでは、日本は供給能力が高いとか、企業や労働者が不況でも必死で耐えるとか、経常収支が黒字だとか、あまりにも条件がラッキーだったので、なんとか耐えることができているんです。

柴山桂太氏も言っていましたが、「10年以上もデフレで、この程度のダメージで済んでいるっていうのは、日本という国はよっぽど強靭《きょうじん》なんですね」と。

これ以上バカをやりすぎるとさすがにヤバイんですが、客観状況はいいので、日本人がこれから考え方を変えられれば何とかなります。これは、世界的に見ても、やはり幸運ですよ。

【第2章】

恐慌化する世界経済と日本の行方

◎アメリカ経済はもう立ち直れない

三橋　ここで、新自由主義の結果、いま世界経済で何が起きているのか、確認しておきましょう。

1980年代頃からアメリカは製造業で日本やドイツに勝てなくなったため、相手国のルールを変えることに力を注いだことは述べました。このように他国への圧力を強める一方で、さらにアメリカは、金融立国として生きることを目指した。

金融立国として生きるために重要なのは、資本の自由移動です。そこで新自由主義・グローバリズムを世界中に広めたのですが、その結果、野放図な投資が行われ、サブプライムローンのような怪しい金融商品が世界にばらまかれてしまった。これがサブプライム危機やリーマン・ショックを引き起こしました。

一方、ユーロも共通通貨を使用することで、域内での資本移動の自由を目指した体制であり、新自由主義と基本的に同じ思想です。しかし、もともと経済規模や実力によって為替水準が異なっていた国々に、共通通貨を適用したことで、経済力の小さい国は分不相応の通貨を手にしてしまった。その結果、バブルが起こり、それが潰《つぶ》れたのが現在のユーロ危機なのです。

このように新自由主義、グローバリズムの限界によって、大混乱を来《きた》しているのが、現在の世界経済なのです。

世界経済を考えるとき、難しいことを抜きにして具体的なことだけを言うならば、失業率が重要となります。

ヨーロッパ諸国は軒並み10％を超え、アメリカはようやく８％台に戻したところです。日本はというと、これだけひどいと言われているのに、失業率は５％未満です。他の国に比べたら、まったくまともです。

ギリシャやスペインなどは失業率が20％に達しています。そこまで失業率が高まったら、本当だったら間違いなくデフレで長期金利が下がります。なぜなら、失業というのは供給能力が需要を上回っているから起きる現象で、民間の資金需要不足で国債金利は下がるはずなんです。

ところが、実際に起きているのは長期金利の高騰です。健全な資本主義国、具体的には日本、アメリカ、ドイツなどがデフレになると、きちんと長期金利が下がっていくのですが、ギリシャなどでは暴騰しています。

もう、資本主義が壊れているのです。

外国から借りた共通通貨でバブルを膨張させるなんてバカなことをやったせいで、デフレになっても長期金利が下がらないといいますか、そもそもバブルとは経常収支黒字で国内の貯蓄が余っている国で起きるものなのです。それが、PIIGS諸国のように経常収支赤字国が、外国のお金でバブルを引き起こした。結果、バブルが崩壊したにもかかわらず、国内に貯蓄はなく、政府の国債金利が下がらない。これはちょっと、対処のしようがないですね。要するに、ギリシャは不健全な資本主義なんです。

アメリカはアメリカで、国内の格差をひたすら拡大させ、「われわれは99%だ!」とデモ隊が街に繰り出している。

ところが、それを見習おうとするのが日本の新自由主義者たちで……。もう理屈じゃないのだと思います。ただ外国を見習いたいということなんでしょう。

いまは世界中を見渡しても、日本のモデルになる国はありません。だから日本は、自分の頭で考えて、ごく普通のことをやればいい。いまは、そのための絶好のチャンスなんです。ところが、そういうのを潰しにかかる人たちがいる。

オバマ大統領は、新自由主義やグローバル資本主義の限界をおそらくわかっていました。一般教書演説で「銀行は責めてはいないが、銀行によって国内が混乱するのはおかしい。ある程度の規制をしなくてはいけない」と発言しました。とはいえ、何しろウォール街の支援で当選したものですから、やはり彼らを敵に回すような政策は打てませんでした。

元FRB議長のポール・ボルカーもウォール街主導型路線に批判的で、まともなことをやろうとしました。アメリカでは1933年に制定されたグラス・スティーガル法で、一般預金者を相手とする商業銀行は証券や株に対する投資をしてはいけない、証券の売買などの投資業務は投資銀行が行うことと定められていました。このように業務によって銀行の種類が明確に分けられていた。しかし、1999年、その垣根をクリントン政権期から取っ払い始めたのです。

その結果、商業銀行が住宅ローン担保証券（MBS）や債務担保証券（CDO）などの複雑な金融商品を取り扱いはじめ、サブプライム危機やリーマン・ショックを引き起こしました。

そこでボルカーはグラス・スティーガル法を元の姿に戻そうとしたのですが、失敗したわけですね。オバマ大統領でも、やっぱりできなかった。アメリカはもう手遅れなのかもしれません。

中野　手遅れでしょうね。
アメリカで特筆すべきなのは、サブプライム問題やリーマン・ショックにより、家計由来の不良債権を膨大に抱えたことです。企業由来と違って、家計由来の不良債権など、そう簡単には処理できません。アメリカのバブル崩壊の後遺症は相当長引くでしょう。

2000年代、アメリカはうまくやっているつもりだった。賃金はそう急には上がっていない、インフレ率も上がっていない、失業率もそんなに高くないし、完璧じゃないか。そう思って運営していたら、金融危機になってしまった。

要するに、インフレ率だけを見て金融政策主導でマクロ経済運営をやればよいという考え方が間違っていたということです。見えないところで住宅バブルにより家計の債務が膨らんでいったというわけです。

三橋　そもそも経常収支赤字国のアメリカで、住宅バブルというのもすごい話ですよね。

経常収支の項目には、モノの輸出入の差額を示す貿易収支、海外で自国民が使ったお金と自国に来た外国人が使ったお金の差を占めるサービス収支、自国企業が海外投資で得た収益と、海外企業が自国への投資で得た収益との差などである所得収支、そして開発途上国などへの経済援助による経常収支移転の4つがあります。

このうちの貿易収支については、その国が貯蓄超過であれば、貿易黒字になります。国民が商品を買わずに金を溜めすぎるため、国内で作られた商品が国内で消化できず、海外で消費されるからです。このとき、国内はデフレに向かうことは言うまでもありません。国内消費が低迷してモノが余っているからです。

逆に貯蓄不足の状態は、国内消費が盛んであり、国内の供給が需要に追いつかないため海外から商品を輸入して貿易赤字になったことを意味します。このときの国内はインフレに向かいます。

2000年代にアメリカが低インフレだったということは、モノをつくる能力が国内に余っているということですから、本来、貿易赤字は減少するはずです。ところが、状況は真逆で、アメリカは低インフレにもかかわらず、貿易赤字がどんどん膨らんでいきました。やはりアメリカは、ドル基軸通貨制における特別な国だと思います。基軸通貨であるがゆえに貿易の決済もドルであり、それはつまり他国の商品をドルで買える、いわば他国の供給能力を、あたかも自国のように使っている状態なのです。

だから国内の需要に対しても、他国の供給能力を自国のように使うことで、需給バランスが保たれ、インフレ率は抑えられる。しかし、貿易赤字は増大してしまう。でも、それでも別にかまわない、と。何しろ、貿易赤字分のドルはアメリカ国内の住宅ローンなどに回され、さらにそこから回ったドルが輸出代金として外国に支払われ、そのドルがまたまた国内の住宅ローンに回るという、基軸通貨国でなければあり得ない変な状況が続いていたわけです。

そもそも経済というものは、国内で誰かが負債を増やさないことには始まりません。普通は民間企業がその役割を果たします。ところが、バブル崩壊後の日本では政府が負債を増やし、アメリカでは同じ時期に家計が負債を増やした。ここで運命が分かれましたね。

しかもアメリカの住宅バブルによる家計の負債は、複雑な金融商品化により、アメリカ国内の銀行のみならず世界中に散らばり、不良債権化してしまった。


中野　確かに、どこかの負債が膨れないと国は経済成長しません。好況時は民間企業が銀行からお金を借りて設備投資をする、不況時は国が国債を発行して公共投資をする。そうやってどこかが負債を増やすことで経済が成長するわけですが、これが家計の負債だと問題が発生する。

政府の債務は、特に自国通貨型でやっている限りは返せるのです。中央銀行がお金を刷って返せばよい。でも家計の債務はそういうやり方では返せないですよ。

現在では、イギリスも家計の負債が増えています。ヴォルフガング・ストリークという人の2011年の論文を読んでいて知ったのですが（次ページ上グラフ）、グラフを見ると、家計の負債が増えていく様子がわかりますね。ちなみに韓国も家計の負債が異様に大

イギリスでも家計の負債が増えている

【イギリス政府と家計の負債がGDPに占める割合の推移　単位：%】

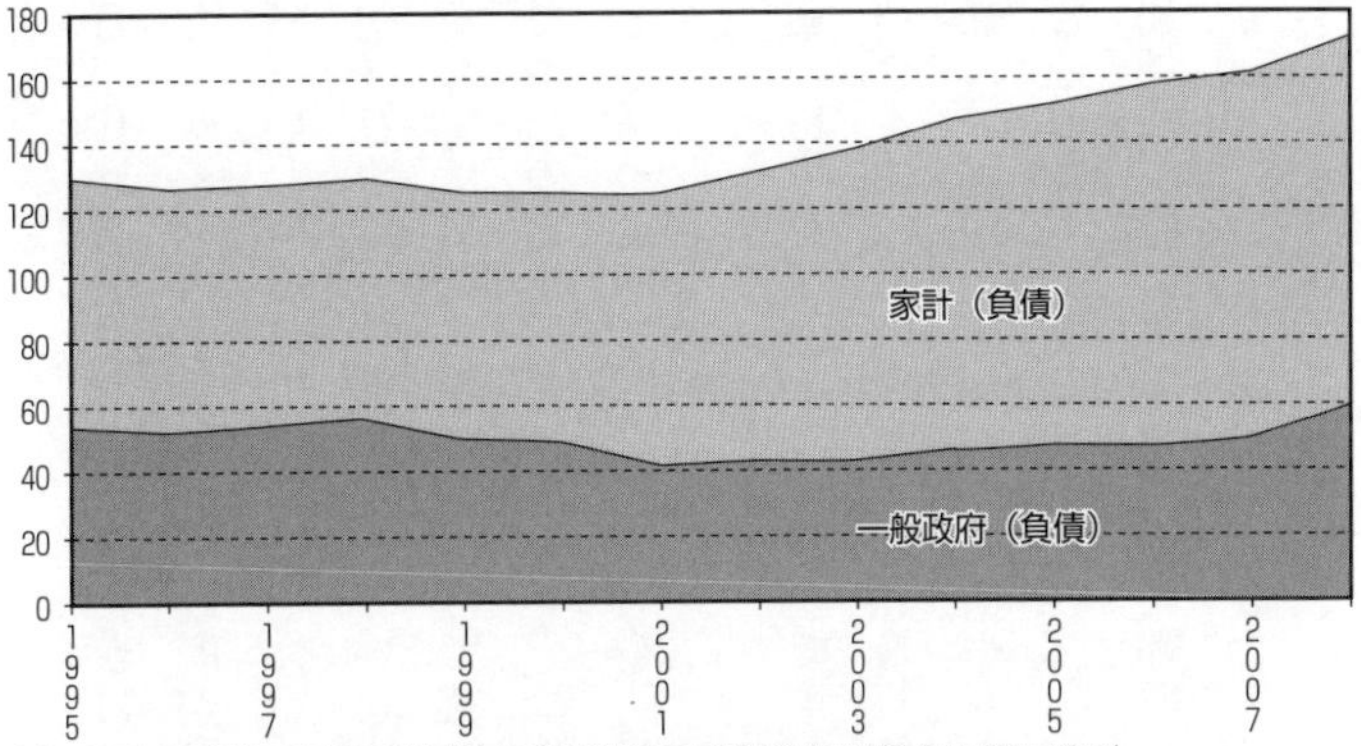

出典：WOLFGANG STREECK「THE CRISIS OF DEMOCRATIC CAPITALISM」

日本のバブル期には家計も政府も負債は増えていない

【日本政府、非金融法人企業（一般企業）、家計の負債総額推移　単位：億円】

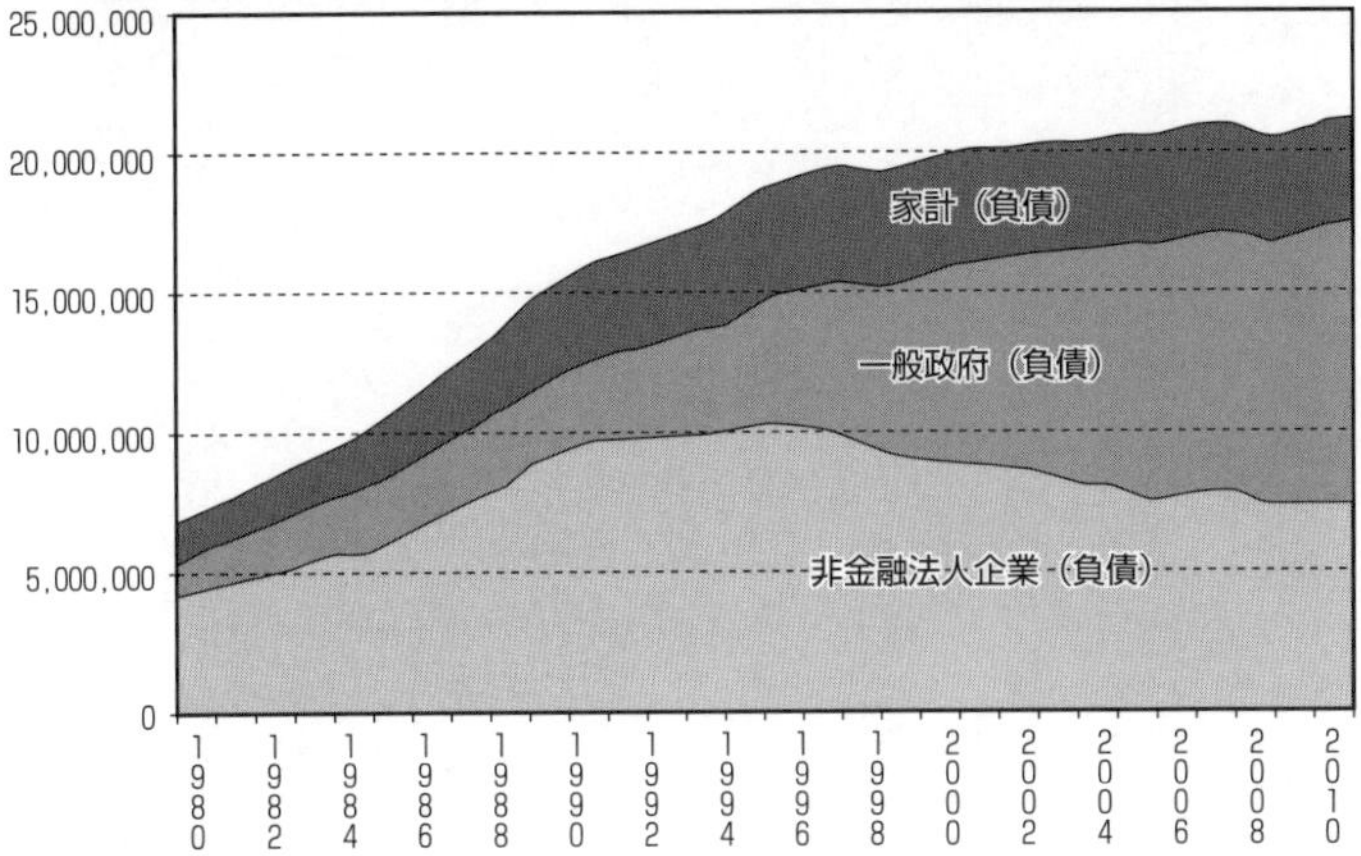

出典：日本銀行

きくて、どんどん膨らんでいる。

1990年代から2000年代にかけて、ケインズ主義はもうずっと「古い」と言われてきました。ケインズ主義とは、政府が財政出動して需要を刺激し、負債を増やして景気を良くする、いわゆるデフィシットマネジメントの考え方です。これが古いと言われた。

当時のアメリカは、負債が増えていないのに景気が良く、低インフレに見えていましたからね。でも実は、見えないところで家計の債務が増えていて、それが景気を下支えしていただけだったのです。これを見て、コリン・クラウチというイギリスの政治経済学者が面白いことを言っていましたね。「ケインズ主義が民営化されたんだ」と。


三橋　企業の負債が増えるのは健全ですが、家計の負債が増えるのはおかしい。

日本のバブル期はというと、家計の負債は全然増えていませんし、政府の負債も全然増えていません。民間企業が大きく増やしたんです（前ページ下グラフ）。

これが普通の資本主義です。

バブル崩壊後、特に橋本政権の緊縮財政開始後には、民間企業は借金を返し続けましたから負債が減ってきて、家計も相変わらず負債は増えなかった。グラフを見ての通り、このときに日本は政府の負債が増えているのです。

ところがアメリカは家計の負債が増えている。これは対処のしようがない。家計の負債の処理を中央銀行が買い取るのか、という話になる。もちろん、そんなことはできません。「この人の不良債権は買い取られたが、この人のものは買い取られない。なぜだ」という話になるからです。

でも現実には、そのくらいのことをやらなければ解決しない問題です。

中野　現実問題として、家計由来の不良債権の処理はどうしたらいいのでしょうか。アメリカも、対処のしようがないまま、金融緩和して、銀行などを救済した結果、貧富の格差がさらに拡大して、オキュパイ・ウォールストリート運動が起きました。だとすると、アメリカが「低インフレならば健全だ」と考えたこと自体が間違っていたということになる。もっと言えば、日本の財務省や日銀などは、国債の日銀引き受けに対して「超インフレになってコントロールできなくなる」と否定していますが、その「低インフレなら健全」という根っこの考え方が、大きく間違っていた可能性があります。そう考えると、日本の財務省や日銀の、真面目に勉強してきた人たちの教科書や、政策担当者の間の常識が間違っていたことを明らかにしたのが、サブプライム危機やリーマン・ショックだとも言えます。

いまの世界不況というのは、相当長く続くでしょうね。ある意味、かつての世界大恐慌よりまずいと思います。1929年の大恐慌は、日本のバブルと同じで主役が企業でしたから立て直すことができた。今回は家計の負債ですからね。ただでさえ土地や不動産のバブル崩壊の後遺症は長く続くと言われています。非常にまずい。

経済政策担当者のこれまでの常識を、どんどん書き換えなければならない。

◎ティーパーティの倒錯した思想

中野　アメリカがサブプライム・ショック後、財政出動したこと自体はいいのです。それが、貧富の拡大を是正する方向であれば、良かった。

しかしアメリカの問題は、その財政出動の額が十分ではなかったことです。金融政策のほうはFRB（連邦準備制度理事会）による2回にわたる量的金融緩和（QE1、QE2）で2・3兆ドルもの資金をジャブジャブと注入して、銀行などを救ってしまった。オバマ大統領は大規模な財政出動をしたと言われていますけど、その7870億ドルという金額では足りなかったのです。

さらに、2011年8月に起きたアメリカの連邦債務の上限引き上げ問題で、「小さな政府」を目指す共和党のティーパーティ（茶会党）が強硬に反対し、オバマ大統領に政府支出の削減を要求したこともあって、今後の財政出動が難しくなってしまった。

三橋　おかしいと思うのは、ティーパーティが求めているのは「強いアメリカ」ですよね。強いアメリカとは、それこそ第二次世界大戦後、あらゆる製品を自分たちで作っていた頃のアメリカでしょう。資源すら自分たちで確保する。そういう国は、戦争したら圧倒的に強い。資本材から最終消費材まで全部自分たちでつくって、雇用も安定します。

これはあくまで理想だとは思います。資源だけ輸入して、その後の全工程を自国内でまかなえる国は、もう日本とドイツくらいしかない。しかし、それならティーパーティはオバマ大統領に反対せず、「財政出動しろ」「中小企業を支援しろ」と言うべきです。ところが実際は「政府は金を使うな」と言っている。アメリカの政治は倒錯しています。

中野　アメリカはその建国からしてそうです。ティーパーティは「建国のときの理念に戻れ」と言う。そのティーパーティのアイドルは、トーマス・ジェファーソンです。どういう考え方かというと、とにかく地方分権をしろ、中央政府の権限は小さいほうがいい、地方は武装した民兵組織（ミリシア）でもって自立していて、彼らが緩やかに国家連合している。これが彼らにとっての強いアメリカなのです。

彼らから見れば、強い政府が権威主義的な政策をすると国民はその政府の介入によって甘やかされることになるから、アメリカは弱くなってしまうわけですね。例えば、フランクリン・ルーズベルトは彼らのイデオロギーからすれば反アメリカ的だった。

そういう意味で、ティーパーティはむしろ新自由主義的な考え方のほうが合うのです。例えば、共和党のレーガン政権などは、家族や地域を重視する一方で、新自由主義的なことを言っていたでしょう。ただ実際には、当時はソ連とウォーゲームをしていたから、レーガン政権は財政赤字を増やしたのですが。

三橋　しかし、理解に苦しむのは現在の状況です。ティーパーティのアイドルであるジェファーソンの思想とは、要はガンガン競争しろ、生き残って強くなれという話です。しかし、デフレ期にそれをやったら全滅するだけだということがもう明らかです。といいますか、アメリカは一度、大恐慌でそれを経験しているわけです。実際、アメリカの自動車業界は日本やドイツとの競争で負けてしまった。
彼らは、自分たちが何を言っているのか全然わかっていないのではないかと危惧《きぐ》しています。繰り返しになりますが、本当に強いアメリカを求めるのであれば、ティーパーティはオバマ大統領を支持すべきだと私は思います。だけどオバマさんが政府の金で企業を保護しようとすることは、彼らの定義では社会主義なのですね。

驚くべきことに、ティーパーティは、アメリカ政府によるGM救済、AIG救済、それから金融機関を救済するTARP（不良資産救済プログラム）にも反対しました。AIGが潰れ、GMが潰れ、銀行がバタバタと潰れてもいいと彼らは考えているのです。

こうしてみると、経済政策にイデオロギーを入れてはいけない、ということがわかります。ティーパーティはものすごくイデオロギー的で、それが彼らを歪めている。

ドイツにもおかしなイデオロギーがありますね。彼らはユーロを愛している。第四帝国をつくったつもりなのです。だからユーロの価値が下がることにはすべてノーで、財政出動などのインフレ推進政策は絶対にやりません。ユーロの共同債もノー。変な人たちがいっぱいいます。

中野　EUをヨーロッパという一大国家にしたければ、共同債も欧州中央銀行（ECB）によるユーロ圏国の国債買い取りもOKしなければならないはずですが、実際には反対している。

ですからドイツは「ユーロを守れ」と言っているわりには、実はすごくナショナリステイックです。結局のところ、ドイツ国民のことだけを考えているということです。『ジョジョの奇妙な冒険』に出てくるシュトロハイムのような奴がいっぱいいるのかな。「ドイツの技術力は世界イチィィィ！」みたいな（笑）。

とにかく、イデオロギーが、現実の変化についていっていない。

三橋　それで言うと、日本のイデオロギーも歪んでいますよね。ＴＰＰ問題にしても、「外圧を利用して、日本を変えるんだ」などと言う人がたくさんいる。

ただ、日本の歪みは結局「情報」だけなので、これを正すのは簡単だと思います。逆に、ドイツ、アメリカ、中国などのイデオロギーの歪みを正すのはすごく難しいのではないでしょうか。

アメリカなんて、建国の理念に逆らわなければ問題解決しない。ドイツは愛するユーロを離脱するか、またはナショナリズムを捨てるか、そんな大それたことをしないと解決しない。

けれども、日本の場合、イデオロギーといっても、それほど大それた原理原則があるわけではありませんし、実際、ＴＰＰの議論にしても、最初は賛成一色だったものが、中野さんや私たちの言論活動で、ずいぶん盛り返すことができましたからね。

中野　アメリカの理念は、誇り高き建国の理念にまでさかのぼることができる、伝統あるものですが、日本の場合はそこまでではない。ただ日本にも、歴史に由来するイデオロギーがあります。

僕がそれを一番強く感じるのは、ＴＰＰ賛成論者がたびたび口にする「第三の開国」という言葉です。

つまり、こういうイデオロギーです。第一の開国は、ペリーの武力による開国である。日本にとっては屈辱的な出来事だったが、暴れないでアメリカの言う通りにしたら、日本は近代化することができた。第二の開国はＧＨＱによるもの。太平洋戦争に負けて国土を占領されて屈辱的だったが、結果的には民主化に成功して、日本は平和になった。

そのような歴史観から、ＴＰＰ賛成論者は「日本という国は外圧に侵されると良くなる」というのです。だから第三の開国が必要だと。現に元経済産業省の古賀茂明氏がそうですし、三橋さんが『ＴＶタックル』に出演されたときには、石川和男氏という元経産省のコメンテーターも「日本の制度はくたびれているから外圧で変えるしかないんだ」という趣旨の発言をしていましたね。

この点については改めて後で述べますが、民主主義を否定する許しがたい言葉です。

「外圧がないと日本は変えられない」などと本気で考えている人間がテレビに出て、平気で発言していられるなんて、普通の国ならばあり得ないことです。

日本国民は、主権、国家、国民というものを忘れていると思わざるを得ません。

◎アメリカと日本のデフレの違い

三橋　現在のアメリカは、低インフレからデフレに突っ込もうとしています。しかも貿易赤字国であるにもかかわらずです。先述したように、貿易赤字ということは自国の供給能力が需要を満たせずに、他国から輸入せざるを得ないことですから、インフレに向かうはずなのです。

この矛盾の原因は、先に述べたように、アメリカが基軸通貨国であり、外国の供給能力を自国の供給能力と同じように使えるためです。完全にアメリカに限定された特異な現象というわけです。何しろ、アメリカは基軸通貨のドルを刷って外国から輸入できてしまいますから。

先ほど「健全な資本主義国がない」と述べましたが、アメリカはドル基軸通貨制をとっている時点で「健全」ではないのです。これは拙著『２０１２年 大恐慌に沈む世界 蘇《よみがえ》る日本』（徳間書店）にも詳しく書きました。私も昔から疑問に思っていて、調べてみたらそういうことだった。

例えば、中国や日本がアメリカにモノを売ってドルを得た場合、そのまま寝かしておいても仕方ないので、運用先として米国債が買われます。すると米国債の金利が下がる。繰り返しますが、アメリカは貿易赤字、経常収支赤字ですから、本来なら国内が貯蓄不足で、長期金利は上がりこそすれ、下がる方向には向かわないはずなのですが、こうした資金還流によって、金利が下がりつづけています。

アメリカはそうして得た資金を利用して内需を拡大したらいいのです。というか、しなくてはいけない。なぜなら長期金利はもう１・85％まで下がり、大恐慌期をすら下回っているのですから。

では日本はというと、わが国は自然体でもデフレ気味の国なのです。供給能力が高いからですね。これはおそらく江戸時代からそうです。だから基本的には、政府が内需拡大をし続けなきゃいけない。

都合の良いことにというべきか、日本は震災大国で台風までやって来る。となると、復興のために公共事業が一定の規模以上に維持される。日本はうまくできている国ですよ。

その日本がバブルになったのは、「デフレ基調の国がプラザ合意後に無理に金融緩和と財政出動をしたところ、供給能力は十分だったため、国内の流動性が設備投資のみではなく、不動産や株式など投機的資産に向かってしまった」――そういう現象とも言えます。

民間の投資には、大雑把に言って設備投資と不動産や株式などへの投資の2種類があります。供給能力が低い国は設備投資を進めないといけない。日本のバブル期は、確かに設備投資も増やしましたが、それ以上にお金があり余っており、かつ日銀が金利を引き下げたため、不動産や株式に流れたのです。

中国も同じことをしましたね。２００９年に中国政府が銀行に命じて１３０兆円の新規融資を出させましたが、設備投資をする先がないので株式や不動産が潤った。株式バブルはもう終わりましたが、まだ不動産バブルが残っています。

ギリシャに必要なのは不動産投資でも株式投資でもなく、設備投資です。ところがやらない。これは国民性の問題なのです。

日本人は勤勉で真面目に設備投資するのが大好きですから、生産効率が上がり、そのため江戸時代からずっとデフレ気味なのです。日本のインフレ率が最高に達したのは１９４６年で、３６０％になりました。でも終戦直後で国内が焼け野原なのに、たったそれだけのインフレ率だったとも言えるのです。

◎危機が増す中国と世界経済の行方

三橋　アメリカやユーロの話題が続きましたが、大恐慌寸前の世界経済が「救世主」と仰ぎ見ている中国は本当に大丈夫なのか。実は、これは明確です。

　世界経済において「国際金融のトリレンマ」と言われているものがあります。これは、固定相場制と、自由な資本移動と、金融政策の自由――これら3つのうち、2つしか同時には実現できないというものです。

　それを踏まえて、いまの中国を見ると、ドルにペッグされている事実上の固定相場制です。じりじりと人民元の為替レートを切り上げてはいますが、少なくとも変動相場制ではありません。さらに資本の自由は、なし崩し的にもう自由化されてしまっている。となると中国には金融政策の自由がないことになります。

　すると、このままインフレ率が上がっていくのを黙って見ているか、あるいは変動相場制に移行するしかない、ということになります。

　前者は国内の不安を引き起こします。２０１１年に起きたエジプトや中東での政変のきっかけは、インフレ率の高まりでした。ただでさえ中国ではデモや暴動が頻繁に起こっていますから、インフレは避けたい。そうなると後者を選ぶことになりますが、しかし、これを実行した瞬間に、安価に維持していた人民元がプラスに転じ、人民元高になる。そうなると安価な労働力で成り立っていた中国の国際競争力が下がり、輸出が減り、失業が増える。そしてデフレへ突入する。

つまり、もう中国には出口がないのです。

中野　1つ、中国固有の出口があるとしたら、民主国家ではないということかもしれません。

先進国は民主国家なので、デフレに耐えられません。失業者が死屍累々《ししるいるい》としていたら、次の選挙に落ちてしまう。例外的に日本が耐えているのは、日本の本質が民主国家でないからなのか、あるいは奇跡ですね（笑）。

なんだかんだ言っても日本の失業率は大して上がっていませんし、財政赤字も国際的に見たら健全の範囲内です。

しかし普通の国はデフレには耐えられない。それは民主国家だから耐えられないのです。そこへいくと中国は、失業者が出ても、共産党が押さえ込んでしまう。もしくは、放っておいて自然に任せるかもしれない。とはいえ、最近の中国人は暴動も起こすし、インターネットも普及して、中途半端に民主化していますから、押さえ込むのは無理かもしれません。

戦争という可能性も否定できません。軍需でデフレを解消する。核兵器を持っている中国を攻撃する度胸のある国は多分どこにもない。つまり中国は攻める一方でしょうから。やるかもしれませんね。ただし、中国の問題は内側から秩序が崩壊する可能性があるということです。

三橋　もうめちゃくちゃですよ、いまの世界は。モデルになれるようなまともな国がない。唯一まともなのが日本でしょう。かつては「一億総中流」と言われましたが、経済的にも、こうした中間層が厚いことが日本の強みです。中間層が一番消費するわけですから。

ところがアメリカや中国などでは、格差が拡大して、完全な階級社会になってしまっている。貧困層と富裕層に二極分化し、中間層が薄い。だから一度デフレに入ると、日本以上に厳しくなると思います。

世界経済がいびつな状態になってしまった一因に、グローバル・インバランス（不均衡）があります。

本来は、経常収支赤字の国ではインフレが起こります。貿易赤字で対外債務国であるならば、国内で投資して供給能力を高めて、バランスしていく。このように、普通は経常収支の赤字・黒字、円高・円安、インフレ・デフレはバランスしていくものなのですが、逆にインバランス（不均衡）が拡大したのがいまの世界です。これもグローバル化以降のことです。

グローバル化により、アメリカは不動産バブルで、基軸通貨の特権で貿易赤字を膨らませまくった。最大の経常収支黒字国である中国は人民元の安いレートで維持し、黒字幅を拡大していった。ユーロでは、ギリシャやスペインのような国がどれだけ貿易赤字を増やしても通貨安に見舞われることがなかった。

こうして、グローバル・インバランスが拡大してきてしまった。でも、もう限界です。世界経済の大混乱を引き起こしながらグローバリズムは終わる。時代の転換期が訪れたのです。

【第3章】

日本に蔓延する構造改革と新自由主義のウソ

◎「政治主導」と「脱官僚」のレトリック

三橋　前章までは、世界でグローバリズムが終焉《しゅうえん》しつつあることを示し、にもかかわらず、日本では構造改革や新自由主義路線が大手を振ってまかり通っていることを述べました。

本章では、日本のこの現状を招いている原因を掘り下げていきたいと思います。

民主党への政権交代後、「政治主導」というスローガンが掲げられていましたが、いまではすっかり官僚主導になってしまいました。菅直人政権・野田佳彦政権は、財務省が主導する財政再建、増税路線をひた走っています。

そうなってしまった理由として、そもそも政治主導、官僚主導の定義自体を、多くの人々が勘違いしていることにあるのではないでしょうか。

まず「族議員」という言葉がありますが、そもそも族議員の存在は、政治主導の前提であるはずです。国民から選ばれた議員が、特定省庁の管轄分野に関して政策決定権を持つ、それによって国民の負託に応える、これが族議員であるはずです。つまり族議員の存在そのものが、政治主導の証《あかし》であるわけですね。

ところが「改革」の名の下に族議員が次々に排除され、今の日本は逆に完全な官僚主導になってしまった。それなのに表向きは「官主導を排し、政治主導を実現！」などと言っている。政治主導の根元を破壊しつつ、それを政治主導と呼んでいるわけですから、二重の意味でおかしいのです。

その流れが顕著になってきたのは、2001年の小泉純一郎内閣における構造改革からですが、実際には民主党政権もそれを引き継いでいる。

中野　小泉政権の構造改革についていえば、経済財政諮問会議も誤解が多いですね。経済財政諮問会議によって財務省の予算権限を奪って政治主導にするとか言っていましたけど、違うのです。そんなことはあり得ません。財務大臣がメンバーに入っていますからね。その結果、排除されたのは財務省ではなく族議員でした。だからあれは、官僚主導の装置なのです。

野田内閣の国家戦略会議もまったく同じ発想ですね。財務省の言いなりと言われる政権が国家戦略会議をぶち上げているのですから、まさに、消費税に反対する議員を排除して、財務省の悲願である消費税増税を進めるというわけなのです。

多くの人々が勘違いされていますが、実は、官僚というのは構造改革が基本的に好きな人々です。

例えば2011年に経済産業省を辞めた古賀茂明氏は、守旧派の官僚と戦った改革派の官僚としてヒーロー視されていますが、彼は別に構造改革か否かで官僚と戦ったわけではない。彼は、公務員制度改革をやろうとして、官僚ではなく、仙石由人さんという「政治家」と対立したのです。

実際、彼が著書の中で提言していた政策は、これまで経産省が「本当はやりたいけれども、族議員がうるさくてできない」と思ってきたものばかりです。例えば発電と送電を分離する電力市場の自由化とかTPPとか。古賀氏が掲げていた政策案はどれも経産省がやりたいことが書かれてある。

ところが、多くの人々は、私のような保守的で反構造改革の意見こそが経産省の主流だと思っている。もしそうだったら、もっと日本は良くなっていますよ（笑）。

他にも、例えば「みんなの党」は、最も激しく官僚をバッシングする党ですが、その幹事長の江田憲司氏が主張する政策もまた、TPPであれ、電力市場の自由化であれ、古賀氏と同じで、経産省がやりたい構造改革ばかり。実際、江田氏は経産省の前身の通産省出身で、橋本龍太郎政権時は総理秘書官でした。橋本龍太郎といえば、「政策通」として官僚の評判も大変良かった政治家です。彼は「六大改革」という構造改革を実施し、なかでも消費税増税と緊縮財政という「財政構造改革」は、1998年以降、日本が戦後の世界で唯一のデフレに陥るきっかけとなり、今日まで国民を苦しめることになりました。橋本氏は、その後、反省の弁を述べるとともに、政治家としても力を失い、そして亡くなられました。ところが、江田氏のほうは、その反省の様子もないどころか、いまだに構造改革を夢見ていて、政治家に転身し、テレビにも出演し、しかも官僚バッシングの先頭に立っているのです。

三橋　「政治主導」「構造改革」「平成の開国」など、言葉のイメージと実態がぐちゃぐちゃになってしまっているので、本当に状況が見えにくくなっています。

やはり大本の問題は小泉氏でしょうね。「政治主導で族議員を潰す！」などと言っていましたが、実際には「官僚主導のために族議員を潰した」ということですね。矛盾したことを断行したわけです。

小泉氏は郵政民営化や道路公団民営化、公務員改革などの構造改革を目指したわけですが、それを断行するために邪魔な族議員たちを排除すべく郵政解散に持ち込み、彼らを「抵抗勢力」呼ばわりして刺客を送り込み、続々と落選させました。

こうして、「反改革派＝族議員＝悪」「構造改革派＝反族議員＝善」というイメージが定着してしまったのです。

その後、小泉氏とその閣僚だった竹中平蔵氏について、「構造改革の名の下、グローバル経済、市場原理主義に乗っかって格差を拡大させた元凶だ」という批判が起きました。しかし民主党の菅内閣、野田内閣においてTPPが持ち出され、それを多くのマスコミや経済評論家が「平成の開国」などと言って支持するという、非常に矛盾したことが起きています。現在の民主党政権こそ、まさに小泉式構造改革路線の後継者であるにもかかわらず、それを誰も語らない。結構、怖いです。

さらに言えば、東日本大震災後の東北の復興において、本当に政治の声がないと感じました。本来だったら地元から選ばれた政治家が、「地元民のために早く金を出せ！」と強く主張しなくてはならないのに、それがなかったのです。

現在は経産省主導なのか、被災地に復興特区をつくり、規制緩和して外資や大企業の資本を呼びこもうなどということばかりが言われている。しかし、そんなことをすれば、地元の産業はさらなる打撃を受けることは明らかです。つまりは、地元民や国民の声が政治に入らないようになっているのです。

しかも、こうした市場開放や規制緩和が、なんとなくいいことみたいに思われている。でも、実態は真逆です。語弊があるかもしれませんが、もっとドロドロの地元密着の利権野郎がいっぱいいいたほうが、本来的な意味では絶対に政治主導なんですよ。

中野　新自由主義者、構造改革論者というのは、民主主義が大嫌いなんです。

民主主義の対立概念は独裁であるなどと言われていますが、新自由主義者にとっては、民主主義を抑えるのは市場と法律です。

民主主義に任せていると、こっちに金よこせ、こっちに道路をつくれと言われて予算が膨らむから、法律で均衡財政を盛り込むとか、あるいはS&Pやムーディーズによる格下げといった市場による圧力をかけようという話なんです。

ところが、ここでねじれているのですが、民主主義は小泉万歳、構造改革万歳と言って新自由主義を支持するんです。新自由主義は民主主義が嫌いなのに、新自由主義を大衆（民主主義）が支持するという、非常に妙なことになっている。

橋下徹大阪市長がそうでしょう。市営地下鉄の民営化だとか、あれは完全に新自由主義で、彼は「改革」と言ったら……彼に限らないかもしれないけど、日本人は「改革」と言ったら、規制緩和とか民営化とか「小さな政府」とか自由化とか、新自由主義的な改革しか知らない。

だから民主主義が民主主義を殺しているという状況。あるいは、全体の民主主義が個別の地域の草の根の声を潰しているといってもいいでしょうね。

◎官僚は本当は改革路線が大好き

中野　経産省は構造改革が死ぬほど好きです。構造改革に反対する人々は少数派ですね。世間では、官僚のほとんどは改革が嫌いで、保守的であるかのようなイメージがありますが、しかし実際には違うのです。官僚だって、改革を求める世論に対抗して守旧派の役割を演じ続けることはできません。むしろ、そんなことをしたら出世できないのです。古賀氏が典型的ですが、構造改革主義者は「改革派」と言われて、世間的には正しいかのようなイメージを持たれ、高い評価を得られます。

官僚が何より気にしているのは人事です。お金にはそんなに興味はありません。でも、出世できなくなったら、官僚は終わりです。

お金の点については、最近、インサイダー取引をやっていた疑いで経産省の幹部が逮捕されましたが、それでも日本の官僚は一般論で言えば比較的クリーンです。ですから官僚が失敗するのも、金より人事がらみです。むしろ、インサイダー取引などに手を染めるのは、皮肉なことに、アメリカ型の金融資本主義を信奉し、ビジネス・センスを身に付けた「改革」派の官僚ですね。かつて村上ファンド事件というのがありましたが、逮捕された村上世彰氏は改革派の経産官僚だった人ですね。ビジネスに強い官僚こそが汚職に手を染めやすいのです。

批判の多い天下りですが、私の個人的な印象で言うと、天下りには二面性があります。人事はピラミッド方式で、次官や局長になれなかった年配の方からだんだんと退職して天下りするのですが、僕ら若い者からすると、年配の上司が減っていって組織が若返るのは正直、ありがたいことではあります。

他方で、特に若い役人は、天下りした官僚OBを嫌う一面があります。なぜ天下りが撲滅されないかというと、民間が欲しがっている面もあるからです。民間が政府に介入するために官僚OBを引っ張るんですね。その引っ張られたOBたちから、現役官僚は「こうしろ、ああしろ」とうるさく言われます。だから現役の官僚は、天下った官僚OBが大嫌いなんです。

「官僚が天下りの官僚OBを利用して、民間に言うことを聞かせようとしている」と言う人が多いですが、逆です。天下りを活用する民間企業に官僚が言うことを聞かされている。

その一方では、早期の退職後に生活を保障するためのそこそこのお金が要るのもリアルな話です。それを奪われるのは個人の人生設計としてまずい。

それに、天下るといっても、まだまだ若いんですよ。特に幹部クラスの場合、ほとんどが50代で、働き盛りです。その歳で引退と言われたら官僚も困ります。年金を貰《もら》える歳でもないのですから。まだ力はあるのだから働きたい。だから民間でも働いてみたいという希望は、実際に多いのです。

官僚が民間企業で務まるのか、という批判もありますが、実際のところ民間企業にしても幹部クラスは現場にはおらず、マネジメントしかやっていないことがほとんどです。つまり、役人のやっていることと同じ。役人は右から左に書類を回すのが得意ですから、民間企業に行ってもそこそこ仕事ができるわけです。

他方で、アメリカを見てみると、天下りどころか、天上りと天下りのリボルビングドア（回転ドア）と言われている。例えば、ＵＳＴＲ（米通商代表部）なんて利益集団とか民間企業の人間ばかりですからね。それは、構造改革論者が勘違いしているような、民間の知恵を政府が活用しているなどという生易しい話ではなく、日本以上に酷《ひど》い官民の癒着なのであり、アメリカ国内でもリベラルな知識人たちから批判されています。構造改革論者は、日本の天下りや官民癒着を問題視して、アメリカ型の政治や行政を賛美していますが、倒錯しています。官民癒着はアメリカのほうが酷いんです。

いずれにせよ、日本の場合、天下りの弊害はあると思いますが、それが諸悪の根源であるかのように目くじらを立てるのは大げさというか、こっけいですらありますね。

三橋　官僚が構造改革好きというのは、意外に思う人も多いと思います。通常は現状維持で何もしないのがお役人だというイメージがありますからね。

しかも、古賀茂明氏は経産省から追い出されたというイメージがあり、そして構造改革派。中野さんは現在は京都大学に出向されていますが、経産省に在籍していて、反構造改革派。

だから反ＴＰＰや反構造改革は経産省の意向だと思われがちですが、実は真逆だったわけですね。

中野　結局、古賀氏は自分の思うような構造改革が実現できなかったので、子どもじみた官僚批判をする。でも、経産省にしても本当は構造改革がしたいのですから、歪んでいるんです。古賀氏の言っていることと経産省がやりたいことは、あまり変わらない。

古賀氏は原発事故にかこつけて東電をはじめとする電力業界を批判し、電力市場の自由化を提言していますが、経産省も電力自由化がずっとやりたかった。電力業界と経産省は癒着なんてしていませんよ。むしろ仲が悪い。お互い「経産省なんかに負けるんじゃないぞ！」「電力の言いなりにはなるな！」といって若手を鍛えているくらいです。

私も再生可能エネルギーの担当を3年やって、電力業界とはバチバチに大ゲンカしました。電力会社で何十年も電気事業をやっている優秀な連中がデータを持ってぞろぞろやって来るのですから、官僚なんて議論だけではそう簡単には勝てません。でも、彼らの議論はフェアです。別に政治力で黙らせるなどということはしません。電力業界との議論で負けた官僚が負け惜しみで「電力業界は政治力が強くて権益を守りたがっている」などと言っているにすぎない。

しかし、東日本大震災以降、電力会社が何かを言える立場ではなくなり、世間は古賀氏らの言い分しか聞いていないでしょう。古賀氏の電力業界叩きはアンフェアです。

それはともかく、官僚の改革好きとも関連するのですが、役人は人事や組織の改変が大好きです。でも、それは政治家でも民間企業でも同じで、滅びゆく国、滅びゆく企業というものは、もう狂ったように組織改革をします。つまり外に意識が向かないのですね。外がどうなっているかわからず、どうすればいいかもわからないから、とりあえず内部を変えようとする。それから、自分に対して過大な期待を持つから、「この組織をどうにかすれば日本が変わる」と考えがちです。しかし、本質はそういう問題ではない。

彼らは世界が全然見えていないんです。官僚出身で、だけど「官僚じゃ限界があるから、政治家になる」と言い出した人たちなどは、行政改革に異様な関心を持っている人が多い気がします。すごく内向きです。

でもこれは、「だから官僚はダメなんだ」という話ではない。悪いけど民間企業にしても同じでしょう。毎クォーターごとに組織を変えたり、突然「事業部制にする」とか言い出したり、翌年にはまたどこかのコンサルタントの意見を聞いて「組織をフラットにする！」とか言い出したり。

官僚批判が好きな新聞社だって、社内では人事や組織の話ばかりしていて、けっこう組織改編ばかりしているんじゃないですかね。官僚叩きが好きな政治家だって、公務員制度改革とか道州制とか、政府内や国内の組織改革ばかり言っている。

◎官僚がおかしくなった理由

三橋　しかし、官僚はどこからおかしくなったんでしょう。政治とは、投票された人が投票してくれた人の意見を政府に伝えることでしょう。それは族議員だろうが専門家議員でも同じで、それが本来の政治主導というものです。
官僚は選挙の洗礼も受けないし、そんなにクビも切られないから、国家の長期的な方向性を決めることができますよね。そこに、民間から選ばれた政治家が口を出していく。そのやりとりの中で、政治というものは進んでいくべきだと思うんです。

中野　官僚がおかしくなったルートは2つあると思います。

1つのルートは、こういうものです。戦後、「戦前の日本では真の民主主義が根付かなかったから、軍部が戦争に向けて突き進んだ」という見方がありました。本当は違っていて、民主主義が「戦争していい」と言ったのです。実際、日中戦争から終戦まで9回も内閣が変わっています。しかし、戦後になると、そういうことが言えなくなりました。「民主主義はいいもので、もし民主主義がおかしなことになるとしたら、それは官僚や軍部が国民を騙《だま》しているんだ」というストーリーが作られたのです。そうすると、何かあれば常に官僚が悪いことにされます。

かつて大蔵省の予算は、例えば港湾や道路、あるいは農業などにずっと同じように配分されるので、「予算配分が硬直化している」と批判されていました。それは、あたかも大蔵省の力が強すぎて、頭が堅いから予算が硬直化しているかのように言われていましたが、実際には違います。港湾関係の議員、道路関係の議員、農業関係の議員の力が強くて、大蔵省では手が出せなかったから、予算配分が硬直化していたのです。つまり、予算配分が硬直化していたのは、官僚のせいではなくて、民主主義のせいなのです。でも、戦後は、民主主義は悪いものであってはいけないから、官僚のせいになる。

もう1つのルートは、こうです。終戦後から10年くらいは官僚が強かった時代が確かにありました。そのときの議論で「日本は官僚主導の国だ」という意識がすごく強くなったのです。そして1970年代、80年代、アメリカは日本との経済競争に負けて、日本を潰す研究を始めました。アメリカは民主主義で市場経済の国なのに、日本に負けた、これはおかしい、日本は何かインチキしているはずだ。そう考えたアメリカから、日本株式会社論や、官僚主導論が湧き起こった。日米構造協議などでは「官僚体制をぶっ壊せ」「大蔵省と金融庁が一緒なのはおかしい」などと批判してきましたよね。

80年代後半までは日本の調子が良かったので、アメリカの批判を跳ね返すことができましたが、90年代になって経済が逆転して以降、日本はアメリカ様の言いなりになっています。

その80年代後半、アメリカからの批判を跳ね返している人の中に、「日本は官主導の国ではない」とデータで示しながら反論する学者がわりといたんです。僕は、そういった先生の下で学生時代を過ごしました。ですから僕は、彼らの考え方にはなじんでいたわけです。官僚たちも、当時はそういった先生方の議論を使っていました。

ところが、バブルが91年に崩壊し、93年から構造改革が始まる段になって、急に官僚が変わりました。いまでもよく覚えています……官僚だけではない、学者たちも経済評論家たちも、バブルが崩壊してからは、手の平を返したように皆が「日本的な経済は官主導でおかしい」と言い出した。

◎日本が構造改革に向かってしまうのはなぜか

中野　三橋さんが指摘しているように、日本は公務員数がきわめて少ない国です。昔からそうでした。１９８０年代から「日本は官主導だ、おかしい」とアメリカに批判されると、そのたびに、いや日本が一番少ないんだと反論した。「日本は閉鎖的だ」と言われたら、すでにどの国より関税率は低いんだと反論した。80年代はそうやって、アメリカからの圧力を押し返していた。

その役割を担っていたのは通産省だと学生時代の僕は思っていました。だから私は日本を守るために、アメリカと一戦交えたくて通産省に入ったのです。ところが、通産省に就活に行ってそう希望を述べたら「中野くん、キミは古いんだよ。これからは官主導から民主導に、生産者主権から消費者主権に抜本的に構造改革することが必要なんだよ」などと説教された。もう、ガラッと変わってアメリカと同じことを言うようになってしまったわけですね。そのとき、世間知らずの私は「うわあ、こいつら何も知らんじゃないか。これなら俺は相当出世できるんじゃないか」と勘違いしてしまい、勇んで入省したことから、人生の間違いが始まりました。若かったなあ（笑）。

しかし、どうして官僚たちはそんな、まるで正反対の考えに至ったのか。その理由として考えられるのは、まずバブル崩壊後に「これまでのやり方がおかしかったから日本は失敗したんだ」という反省が起こったこと。それに若い官僚たちが実は全然勉強していなかった。だから、アメリカが日本経済の異質性をスキャンダラスに煽《あお》り立てるのを真に受けてしまった。

もう1つあるのは、80年代当時の教科書では新自由主義が主流だったことです。皆が「ケインズは古い」と言って丸覚えしていた。日本経済の調子が良くてバブルだった頃は、「教科書に書いてあることと現実は違うんだよ」と言って日本は自信を持ってアメリカと戦うことができました。ところがバブル崩壊で現実に対する自信を失っていたところに、アメリカに留学して教科書を丸覚えした若い官僚たちが戻ってきて、留学先で覚えたアメリカ流の改革論をぶち上げた。

「とにかく日本的なものを潰したい」という欲求が、あの頃の官僚の中にすごく強かったのを覚えています。最近も経産省のある官僚が「市場原理じゃ現実はうまくいきませんよ」と言われて「市場原理が働かない日本がおかしいの！」と叫んだという話を聞いたことがある（笑）。自分は市場原理からずいぶん離れたところで生きているくせにね。

三橋　なるほど。バブル崩壊なんて、どこの国も何回も経験していることで、日本のバブル崩壊も何ら特別なことではない。何しろ、平成バブル以前にも、日本は元禄バブル崩壊、大正バブル崩壊と、大々的なバブル崩壊とデフレを経験しています。とはいえ、新自由主義の教科書には、デフレのときどうするか書いていない。つまり、バブル崩壊やデフレというのは、新自由主義の対象外なのです。あるいは、新自由主義はインフレ経済を前提にしていると言い換えてもいいでしょうけれども。

バブル崩壊による「日本ダメ論」と、アメリカ経由の官僚叩きにより、官僚が構造改革に染まっていったわけですね。とはいえ、新自由主義はバブル崩壊やデフレに対応できないため、日本の問題はまったく解決しない、と。そうなると、ますます「日本はダメだ」論が高まり、さらなる改革が強行され、状況を悪化させるという悪循環です。でも学者や経済評論家たちは、なぜああも一斉に構造改革派へと向かっていったのでしょうか。

中野　実は、学者たちはもっと早くから構造改革に染まっていました。

大きな理由は、彼らは、市場原理主義的でケインズ主義を否定する新古典派経済学が主流の1980年代に、アメリカで学位を取っていることです。経済学者たちは、日本経済が好調の頃は、それを新古典派経済学の枠組みで説明していましたが、バブル崩壊後は、日本経済の不調を説明していた（笑）。新古典派の枠組みでは、それがうまくいっていても、うまくいっていなくても同じように、それらしく説明できてしまうんです。

90年代に官僚が構造改革に染まった理由として、もう1つ僕が考えているのは、その時期、戦前・戦中を経験している世代が引退したことです。言い換えると日本の90年代とは、戦後に大して苦労もしていない連中が天下を獲り出した時代なのです。

ですから、宮澤喜一首相、村山富市首相の頃までは、「デフレだから財政出動だ」と正しいことをやっていたのです。ところが、彼らが引退すると「あの人たちは古い。俺たちで日本を変えよう」と、当時の若い世代が言い出した。よく聞くでしょう、このセリフ。日本を変える前にお前が変われよ（笑）。

三橋　しかし、1980年代のレーガン政権時代、インフレで苦しんでいたアメリカがインフレ率を抑制する新自由主義に進んだのはわかります。前章でも述べたように、インフレは需要が供給を上回ることですから、構造改革や規制緩和、自由化で供給能力を高め、緊縮財政で需要を引き下げれば、インフレを沈静化させることができます。
しかし、なぜ現在デフレの日本で、アメリカと同じことをやろうとするのか。それが一番わからない。

中野　要は、官僚たちはデフレの意味すらわかっていない。彼らが見ているのは、好況か不況か、それだけなのです。

１９８０年代に不況だったアメリカとイギリスは、サッチャーとレーガンが新自由主義的な改革を行った結果、90年代には景気が良くなりました。当時、日本では「サッチャーやレーガンのように思い切って抜本的改革を～」といったセリフがすごく流行ってましたね。しかし誤解があるのは、新古典派とか新自由主義とか言われたレーガンは、実際はバリバリに財政出動や減税をしていたのです。だから景気が良くなったのだと思うのですが、そういう話は誰も指摘しない。

前期クリントン政権も、財政出動しまくって景気を良くしています。それなのに、「サッチャー・レーガンのように痛みを伴う改革をやったからだ」と言われる。官僚なんて日経新聞しか読んでいないですから。

三橋　例えば「ケインズは死んだ」という話にしても、インフレのときにケインズ主義の政策を行ったら、スタグフレーションになるのは当然です。そのときには確かにケインズ主義は有効ではなかった。状況が変われば、有効な政策は変わるというだけのことです。

ケインズ主義に対抗して出てきた新自由主義を導入したレーガンが景気を良くしたとか言いつつ、実はレーガンもケインズ的に積極的に財政出動していた。それなのに、新自由主義のお陰だ、ということになっている。

だから3つの間違いがあるわけですね。原因を取り違えているし、解決方法もおかしいし、目標の立て方もおかしい。もうバラバラなんです。

◎財務省が構造改革に賛成している理由

中野　そもそも財務省が構造改革に賛成している。これについてですが、財務省は大蔵省時代から、終戦直後のドッジ・ライン以来の伝統で、緊縮財政なんですね。そもそも、会計を預かる人たちがジャブジャブにお金を使っても良いという考えでも困るわけです。財務省というのは、もともとそういうところです。彼らは彼らで、使命感に燃えてやっているんだと思います。

実際、ＴＰＰについては財務省の後押しが非常に強い。また各省とも、財務省に財布を握られているので、対抗できるわけがないのです。

かつて対抗できたのは、後ろに族議員が控えていたからです。ところが構造改革で族議員が潰されたので、結局、財務省の権限が強くなってしまった。ただ、財務省がすることといえば予算のやりくりだけで、現場のことは知りません。

三橋 ただ構造改革と緊縮財政というのは、ある程度はリンクしているものの、本来は違う話でしょう。財務省が求めているのは、おそらく財政の均衡でしょう。つまり、政府という一組織の単体の話であって、財務省の財政均衡主義は、別に国民経済とリンクしていません。まあ、これはこれで困った話ですが、少なくとも規制緩和とか、非関税障壁の撤廃とか、外資導入といった国民経済の供給能力に関する問題とは違う話だと思うんですが、なぜか日本国内では完全にくっついている。

中野 そうですね。ですが公共投資というのは、政府が投資先を決めてお金を流すという意味で、政府介入なのです。構造改革論者は「政府介入しないほうが良い」という考えの人たちで、「どこに投資するかは、全部市場に任せればいいいんだ」となる。

要は、市場原理主義者・構造改革論者にはデフレという概念がないわけです。価格メカニズムによる自動調整を信じる彼らの世界では、物価がずっと下がって止まらなくなるなんていうことはあり得ない、物価が下がるのは調整過程にあるということで、いずれは止まって需要と供給が均衡する、そのメカニズムを財政出動によっては歪めてはいけない、という発想をする。

したがって、構造改革論者、新自由主義者は基本的に均衡財政を求める。だから、構造改革論から、デフレ脱却論を導き出すのは不可能です。

三橋　インフレのときはそれでもいいんですよね。例えばブラジルとか、一応、新自由主義に基づく構造改革の成功例があります。当時のブラジルは、インフレを超えてハイパーインフレーションだったので、あのくらいの改革が必要だった。

中野　ハイパーインフレを構造改革や緊縮財政などで止めるのは、正解です。ハイパーインフレはひどい現象ですからね。紙幣が価値を失ってただの紙になるわけですから。

１９８０年代に、アメリカでインフレ率が高まったときは、ポール・ボルカーＦＲＢ議長が出てきて、インフレファイターと呼ばれ、高金利にしてインフレを退治しました。けれどもその後は貧富の格差が拡大して、失業率も高くなり、財政赤字が拡大しました。また、一次産品の価格が暴落したので、一次産品の輸出に頼っていた発展途上国が皆債務危機に陥りました。

つまり80年代に見られた新自由主義によるインフレ退治の政策は、インフレ率を下げる一方で、失業率を上げ、貧富の格差を拡大し、そして財政赤字を拡大させた。加えて、高金利によって海外からマネーが流れ込み、ドル高で製造業が衰退したので、経常収支赤字が拡大した。この低インフレと、貧富の格差の拡大ないしは高失業率と、財政赤字の拡大、そして経常収支の赤字というのはセットになり、80年代に慢性化しました。

三橋　でも、それはアメリカの特殊例ですよ。アメリカはドルを発行して外国からモノを買えるから、経常収支の赤字と財政赤字がセットで膨張していきましたけど、他の国には現実問題として、そんなことはできない。

経常収支の赤字国が財政赤字を続けると、国内が貯蓄不足なので、政府は外国から外貨建てでお金を借りるしかありません。しかも、為替レートは下落していきますので、政府は次第に対外債務を返済できなくなり、ある時点で財政赤字の拡大は頭打ちにならざるを得ません。そうしなければ、為替レート暴落で自国民が輸入できなくなってしまう。唯一、アメリカのみが自国通貨で外国から好きなだけモノを輸入できるわけです。

中野　確かにそうです。もう1つ言えるのは、ハイパーインフレは例外として、低インフレの時代と高インフレの時代を比較したとき、どっちが幸せだったのかがよくわからないということです。高インフレ時のほうが貧富の格差ははるかに小さかったし、スタグフレーションで失業率が高いといっても、その後の低インフレ時のほうが高くなっている。政府の債務もそんなに大きくなかった。

ですから「インフレが心配だ」とよく言いますが、インフレで何が悪かったんだろうかという疑問があります。ところが1980年代以降は、とにかく低インフレにすることが中央銀行なり政府なりの最大の目的になってしまった。そして90年代後半から2000年代にかけては、低インフレなのに失業率が下がり景気が良くなって、アメリカでは政府債務が減っていきました。ところが、民間の債務が膨らんでいたのです。つまり住宅バブルですね。だから低インフレだったのに失業率が低くて済んでいたのです。

つまり、80年代は低インフレによる失業の問題を、政府債務を増やすことで解決しようとしていた。ところが2000年代は、政府債務ではなく民間債務を増やすことで解決するというおかしな時代だった。その結果として住宅バブルが生じて、2008年で崩壊した。サブプライム危機ですね。

◎官僚の上手な操り方

三橋　話を官僚問題に戻せば、現在は財務省の路線に沿って、野田総理は増税路線に突き進もうとしています。しかし、デフレの日本で増税などしたら、ますます消費が冷え込み、デフレが深刻化するのは目に見えています。

そういう意味では、現在の官僚組織で最も問題があるのは財務省といえるでしょう。中野さんは、財務省は結局、どうなったらいいと思っていますか？

例えば、歳入庁構想はダメなんでしょうか。つまり、財務省から国税庁を切り離して、年金関連の業務と統合して内閣府の外局である歳入庁を作る、と。私は正直言って、財務省が国税を握っているのがむちゃくちゃ怖いのです。国税庁は警察権を持っているわけですが、時折、新聞社に税務調査に入ります。結果、新聞が財務省寄りの記事を書くようになってしまうという事態が、現実に起きています。

中野　その案はありだと思うんですが、やはり組織をいじってどうにかなるのか、という気もしますね。それに現行の組織だからダメかというと、必ずしもそうではないと思うのです。宮澤政権や小渕政権の頃は、大蔵省に金融庁も国税庁もくっついていましたけど、やるべきことはやっていたわけですから。

だから僕は、財務省の権限が強いから問題だというよりは、政治家のリーダーシップの問題ではないかと思うんです。政治家がしっかりしていれば、いまでも官僚は言うことを聞きます。

三橋　でも、酩酊《めいてい》会見事件のときの故・中川昭一財務大臣みたいに、明らかに陥れられたケースもありますよね。中川氏は麻生内閣の財務大臣として、もう無茶苦茶に財務省と喧嘩していた。結果、両脇に財務官僚がいる状態で、あの酩酊会見です。普通、大臣が会見に出られないような状況であれば、官僚が止めると思うのですが、あのときはそれがなかった。

私は、宮澤政権の頃よりも、いまのほうが状況は悪くなっていると思う。なぜかというと、一方的に財務省の権限が強い状況が続いており、それがむしろ当たり前になっていて、組織防衛のためにいろいろなことを仕掛けてくるのです。

その典型例が、中川財務大臣の事件だと思います。宮澤首相や麻生首相が同じことをやったら、多分ああはならなかったんじゃないかと。中川財務大臣は、とにかく財務省と激しく対立していたんです。あの酩酊会見は、明らかに財務省の策謀ですよ。何しろ、横に財務官僚が2人いたわけですから、普通は止めるでしょう。しかもその2人のうち1人はIMF（国際通貨基金）の副専務理事に出世しています。
そんな状況なので、以前より財務省は危険なのではないかと思うわけです。正確に言うと、財務省が悪いというよりも、財務省に対抗できる省庁がないことが問題だと思うわけです。以前は、財務省に対抗できる省庁が複数あり、それなりにバランスが成立していました。しかし、もはやそんな省庁はありません。さらに、現在は民主主義国家において国民の主権を預かっている政治家まで対抗できなくなっている。

中野　しかし、財務省に対抗するために小泉首相に権限を集中して官邸主導にしたら、その官邸が財政構造改革を実行してしまいました。つまりこれは、組織の問題ではなく、イデオロギーの問題かもしれないと思うわけです。
例えば金融庁は財務省から分離してまともになったかというと、そんなことはない。金融庁は先頭きって金融監査マニュアルみたいなものをつくって、中小企業を死屍累々にしたわけです。

そう考えていくと、やはり組織の問題でもなくて、官僚の問題でもなくて、政治の問題ということになる。つまりそれは国民の問題ですね。国民がこうした背景を知ったうえでちゃんと政治家を選び、政治家を動かさないといけない。そんなまともな政治家がいないと言うのであれば、「じゃあ、お前がなれ」ですよ。僕の見るところ、日本人は政治家をバカにしすぎです。立派な方は結構おられます。ただ、そういう方を有権者が選んでいないのです。

確かに権限を集中させると勘違いする人間はいるんですが、こういう超デフレ・不況の時代というのは、ヒトラーは例えが悪すぎるとしても、ルーズベルトにしても、権限を集中させないと危機は突破できないという側面もあります。もっとも、現行制度のままでも、政治さえしっかりすれば何とかなるとは思いますけどね。

三橋　政治がしっかりするということで言えば、これは自民党の西田昌司先生に聞いたのですが、データをきちんと用意してから話すと、日銀でも財務省でも、だいたい引き下がるんだそうです。「あ、先生がおっしゃる通りですね、すみません」と。

中野　でもそれだけではダメなのです。官僚を動かせない。官僚を個人で呼んで1対1で勝負すれば、議論では勝てるかもしれません。しかし、その負けた官僚が反省して役所に戻ってから、考え方を改めるように大臣や上司を説得するかと言えば、するはずがない。そりゃ、無理ですよ。官僚に限らず、組織人ならわかるでしょ。上司に「あなた、間違ってますよ」とはなかなか言えない。

だから政治家が呼びつけた官僚との議論に勝ったつもりになって「あいつはわかってくれた。反論もしてこなかった」というのは、勘違いですね。官僚が反論しないのは、政治家の話を聞いていないだけです。つまり政治家は議論で勝って政治で負けている。議論することをやめた連中を説得することは不可能ですよ。

だから結局、政治家が自らきちんと変えるしかない。

いまの役所内では「TPPをやる」「緊縮財政をやる」ということが人事評価の軸になっていて、そこに絡まない限り官僚は出世できない。だから、政治のトップがその評価軸を変えなくてはいけない。例えば「財政出動をたくさんした者が出世できる」とか「名目GDPを成長させるほどいい」といったように。

僕は別に、「官僚は自分の出世のことばかりで、国のことを考えていない」と言いたいわけではありません。組織というものはみんなそういうもので、民間企業だって同じでしょう。人間とはその程度の弱い生き物で、官僚だけは国民の利益を第一に考えて左遷を恐れないなんて、無理です。

結局、誰でも出世が一番大事なんです。だから、出世の理由を作ってあげればいいわけですね。そしてそれは、政治のトップが作るしかない。具体的にいえば大臣です。

だから麻生太郎首相のときに経済危機対策の補正予算15兆円が出た。あのときの経産大臣は二階俊博先生でした。「政策通」とか言われる官僚みたいな政治家ではなく、政治家らしい政治家が動けば、そういうことができるわけですね。

僕がつくづく思うのは、日本人は政治家を舐《な》めすぎですね。すごい人が大勢います。経験豊富な大人の政治家に比べたら、官僚なんてしょせん教科書で得た知識で理屈をこねているだけのガキです。いまみたいにデフレからインフレへと方向を逆転させるために必要な、教科書をひっくり返すような考え方が官僚にはできない。そんなことしたら、出世できませんから。それができるのは、政治の表裏を知り尽くした老練な政治家だけ。

三橋　なるほど。面白いですね。問題が整理されてきた感じです。結論らしいことをまとめるならば、まず小泉首相は、政治主導と言いつつ実際には政治主導を壊したと。これが一番先ですね。ほかの問題はほぼこれに付随したものにすぎません。

また民主党は、政治主導と叫びつつ、今度は官僚主導を肥大化させてしまった。彼らは小泉首相的なことすらできなかった。そりゃそうですよ、労働組合みたいなスローガンとか、フレーズしか叫ばない政治家なんて、官僚が相手にするはずがない。

中野　民主党政権は、現在、構造改革路線になっています。鳩山由紀夫首相が沖縄の普天間基地について「1年勉強してみたら海兵隊の重要性がわかった」と言ったことに象徴されていますが、民主党は政権をとってから学んでいるので、周回遅れで、いま、構造改革が正しいと考えるようになっているのではないでしょうか。

本来、いまはその構造改革の先を行かなければならないのに。だからいまさら、外需を取りに行こうとしている。リーマン・ショック前の議論を正しいと思ってしまう。もっとも、それは民主党政権に限らず、官僚も財界も学界もマスメディアも同じですけど。

下手をしたら、さらに以前、冷戦時のままの頭の人がいる。彼らは、アメリカの庇護《ひご》の下に自由貿易をすれば幸せになれるなどと本気で考えている。彼らの右脳と左脳の間にはベルリンの壁がいまだに挟まっている（笑）。

せめてポスト冷戦時まで進んでほしい。だいたい、アンチ・グローバライゼーションの議論にしても、1995年くらいには起きているのです。また2000年代は住宅バブルで世界中が狂っていましたが、思想のレベルではアンチ・グローバライゼーションが優勢でした。だからリーマン・ショックなんて誰も驚いてなくて「だから言ったじゃないか」ぐらいの話でした。

◎グローバリズムで狂い始めた世界

三橋　ＴＰＰを例に取れば、日本の保守でも親米保守はアメリカとの関係を守れ、日米同盟が大事だということでＴＰＰに賛成する。ところが親中国や反米主義のリベラル派は、アメリカ主導のＴＰＰに反対。その一方で、多文化共生や国家死滅を目標にしているリベラル派はむしろＴＰＰに賛成……というように、もうぐちゃぐちゃで、非常に論点が見えづらくなっていますね。

いま、話に出たポスト冷戦というのは、グローバリズムや新自由主義、トリクルダウン、構造改革といった言葉に象徴されるもので、はっきり言えばこれが日本を不幸にした元凶です。他の国も幸せになったかというと、そうではない。

グローバリズムが始まったのは、ソ連が崩壊した91年ごろからですね。そして２００８年以降は、ポスト・グローバリズム。だから本当は、中野さんがよくおっしゃるように、オバマ大統領はそれに合わせなければならなかった。例えば、富裕層に増税するとか、へルスケア改革法案をちゃんと通すとか。しかし、全部失敗しました。

中野 そして共和党はバリバリの緊縮財政を始めるわけだ。橋下徹大阪市長みたいにね。アメリカも昔のままです。小さい政府は素晴らしいなどと言ってね。ドイツもそうです。グローバリズムは素晴らしい、ユーロこそ守らなければって……。全世界が同じことをやっています。本当にバカです。

ニューヨーク株式市場が崩壊して大恐慌が起きたとき、フーヴァー大統領は「金本位制を守らなければならない」といって大恐慌を深刻化させました。既存の教科書、オーソドックスに忠実な真面目な人こそ危機のときに必ず失敗します。だから「真面目でいい人」が迷惑なんです。逸脱していて、飛んでいて、尖《とが》っている人でないとダメ。

三橋 大恐慌期の日本で言えば、高橋是清みたいな人ですね。高橋是清が犬養《いぬかい》内閣で5度目の大蔵大臣に就任する前、浜口雄幸内閣の井上準之助蔵相が不況下にもかかわらず、金本位制を1930年に復活させた。

そもそも、日本は1920年の大正バブル崩壊以降、延々とデフレ状態を続けていたわけです。当時の物価下落率は、現在の比ではないほど大きかったわけですが、その状況で自国の通貨（日本円）の為替レートをわざわざ切り上げて、金本位制復帰。さらに、緊縮財政と言いますか、高い為替レートで金本位制に復帰したかったからこそ、緊縮財政をしたのかもしれませんが、いずれにしてもデフレを促進する政策を浜口内閣はバリバリと推進した。理由は単に、金本位制が当時のグローバルスタンダードだったからです。

結果は惨憺《さんたん》たるもので、１９３０年や31年の物価下落率は10％を超えました。同じ製品を同じ数量だけ売っても、売上が１割下がるというわけで、企業の設備投資意欲は完全に凍り付いてしまいました。その後、犬養内閣で高橋是清が金本位制を撤回、積極財政に転じることでようやく日本は昭和恐慌から脱することができたわけです。

中野　昔はどうして金本位制で良かったかというと、まだ世界がそんなに民主化していなかったからです。金本位制になると、デフレが進んでも金融政策で救済できないので、国民が失業して苦しむのですが、当時は、これは自然現象のようなもので生活が苦しくなっても仕方がないという風潮だった。

しかし、だんだん民主化されてきて、加えて、例えば第一次世界大戦などで戦争に動員されるようになると、国民は「俺たちは戦争に行くのだから見返りの福祉を要求する」などと言い始めました。そうすると国民はデフレを我慢しなくなります。「政府が何とかしろ。できなければ政権交代だ」と言い出す。それで金本位制が通用しなくなり、崩壊するんです。

ところが、いまの日本人も金本位制時代の我慢する国民に近い。痛みを伴う改革であっても、それがグローバル化する世界の流れなんだから仕方ない、と言って受け入れてしまっている。

おそらくは「政府がみんなの面倒をみましょう」と言っていたら1970年代にインフレが止まらなくなったという苦い記憶のせいなんでしょうね。

三橋 私は、狂乱物価の時期にインフレが起きた原因は、3つあると思っています。金融緩和と田中角栄の列島改造論に基づく公共事業の拡大、さらに石油ショックによるコスト・プッシュ型インフレ。その大元を辿るとニクソン・ショックもある。日銀が金融緩和をしたのは、そもそもニクソン・ショック後の円高の影響を緩和するためだったわけです。

これだけ一気にインフレ要因が重なれば、さすがの日本も狂乱物価になりますよ。石油ショックというコスト要因、公共事業拡大という需要拡大、さらに日銀の金融緩和と、3つのインフレ要因が全部いっぺんに来たんですから。

中野　僕が好きなハイマン・ミンスキーもそうだし、ロバート・ライシュもそうですが、アメリカでリベラルとされる人たちの多くは、1960年代のアメリカの資本主義がベストだったと言います。あれが黄金時代だと。そのときは大きくて賢い政府がありました。資本主義は、政治がよっぽど賢くて立派じゃないとうまくいかない。

◎外交と国内政策を別モノと考える人たち

中野　評論家のなかでも、TPP賛成派から反対派に変わった評論家がいました。例えば宮台真司氏。彼は立派です。彼はかつてTPPに賛成したことを自分のネット番組で「僕が間違えていた。恥ずかしい」とまで言いました。宮崎哲弥氏も、青山繁晴氏も変わった。頭の良い人は皆、TPP反対に回っています。頭の良い人は反対で、頭の悪い人は賛成するというイメージをもっと世論に広げたいところです（笑）。

三橋　基本的に「デフレ」に賛成するのは、ごくわずかな変な連中を除けばいません。デフレ対策が早急に必要だとみんなが思っています。でも、彼らはなぜかTPPには賛成する。「なぜTPPなのか」と聞かれてもうまく答えられない。竹中平蔵氏ですら「自由貿易は『自由』だからやるんです」としか言えない。TPPはデフレ促進政策だと批判すると、「デフレ対策とTPPは、パラレルに考えるべき」と言う。しかし、私は政策というのは「優先順位」を付けてやるものだと考えているわけです。現在の日本でデフレ促進策のTPPをやる理由を、私はまったく理解できません。

中野 その「パラレルで考える」というのは面白いですね。つまり彼らは外交と国内政策が別のものだと思っている。それはグローバル化する以前の発想です。グローバル化すると外交は国民の生活の隅々にまで直接影響します。ですから、外交と国内政策は切り離せないものなんですよ。

「パラレルで考える」と言っている人たちの考えは、「震災が起きているのにTPPに賛成するのは、震災は国内問題で、これを解決するのに外交まで滞らしてはいけないから」というのでしょう。ところが、いまグローバル化した現代においては、経済外交は東北の被災地をも直撃する。気の毒に、「パラレルで考える」と言う彼らは頭の中がグローバル化していないんです。

これに関して、もう1つ面白いことがあります。少し長くなります。

僕は2010年からTPP反対論を展開してきました。でも交渉参加の表明を阻止することは不可能だとわかっていたんです。どんなに国民が、議会が、国会が反対しようが阻止はできなかった。なぜか。交渉参加だけなら、最終的には総理大臣の一存で決まるからです。

なぜ決まるかというと、憲法第73条第2号に「外交関係の処理」は政府の専権事項と書いてある。したがって、国会の承認が要らない。だから国会での議論も要らない。国民的議論などなお要らない。つまり政府が外交関係の処理として勝手に進めていいということです。

内閣が外交で暴走しないように一応、憲法第61条で「条約の締結は国会の承認事項」と定められているのですが、ここにも盲点があります。国会の承認事項ではありますが、予算と同じで、衆議院優越なんですよ。衆議院と参議院の議決が分かれた場合、衆議院が優越する。

ところが今回のTPPが典型ですが、国際条約でありながら、農協の共済の解体や、国内の食の安全規制の変更、環境規制の変更、医療保険制度の変更などを迫られる可能性が高い。これらは、そのまま国内問題なのです。

例えば共済解体を国内法だけでやろうとしたら、衆議院と参議院の議決が両方必要で、分かれた場合は衆議院の3分の2の賛成が必要になります。しかし、同じことを国際条約でやる場合、参議院が議決しなければ、衆議院の議決だけでいい。つまり、国内法よりも、国際法で決まったことのほうが優越されてしまう。そこで「いや、うちはこうやるから」などと国内法を優越させることができるのは、アメリカのような〝ジャイアン〟だけ。到底日本では無理でしょう。

ですから、国際条約の場合は衆議院、参議院、また衆議院という議決の手続きがいらないということになる。それだけ行政権、政府に強い力が与えられているんです。しかも、交渉に一旦参加してしまったら、国際関係上、そこから抜けにくくなります。

したがって、現実的には、一度交渉に参加した時点で勝負は決まってしまうのです。しかも、交渉に参加して、条件面で折り合わなかったから離脱するというのは、まずないですしね。ですからいま、勝負は圧倒的にTPP賛成論が有利な状況にあります。

どうして、こんな妙なことになってしまったのか。9条に象徴されるように、憲法が古い、現実と合わなくなっていると言われますが、ここにもそれが表れているんです。

僕は、外交機密があること自体はやむを得ないことだと思ってはいるのです。外国との関係、しかも相手国が民主主義国ではない場合もあるので、全部をオープンにはできません。それから全部を逐一、国会で議決することも難しい。だから条約の成案ができるまでは外交機密ということで政府に大きな権限を与え、密室で進める。民主的なコントロールは、条約を締結するところで行えばいい。日本憲法の考え方も、こういうものだったのでしょう。

ところが、グローバル化すると国際条約がダイレクトに国内制度と直結する。グローバル化の波が国内の隅々に波及してしまう。昔は、貿易交渉といえばせいぜい関税の交渉のことでしたが、1970年代頃から非関税障壁が問題になってから、貿易交渉＝国内制度のルールの設定を巡る競争が始まったわけですね。ところが、日本国憲法はルール設定競争以前の、古典的な外交を前提にしたものですから、そういう事態を想定していない。

おそらく今回のTPPは、政府側がその陥穽《かんせい》を悪用したんです。

一例を挙げると、最初に「(TPPは) 平成の開国」と謳《うた》ったらマスコミのおかげで国民の高い支持を得られたので、ついでに政権の支持率も上げようとして「開国フォーラム」を開催しましたね。これが3度やって大失敗、出席した国民からボコボコに批判されたわけです。その後、東日本大震災を境に開催は中断され、その後二度と開かれませんでした。おそらく外務省はこう思ったんです。「だいたい、交渉参加は外交関係の処理なんだから、政府の専権事項なので国民に説明する必要なんてないじゃないか」「じゃあ、もうやらなくていいよね」と。

三橋　整理しましょう。先ほどの竹中氏、岸博幸氏とかもそうですが、外交は外交で行う、同時にデフレ脱却を図らなくちゃいけない、という感じで、国内のデフレ問題と外交であるＴＰＰが、彼らの頭の中では完全に切り離されている。つまり彼らの頭の中では、外交問題は国内問題に影響を与えないとなっており、要するにグローバル化していない、と。実際には、国際条約は国内制度の隅々にまで影響を与えるのにもかかわらず。そういうことですね。

中野　そうです。その意味では、アメリカの政治のほうがグローバル化しています。というのも、日本の場合は、ＴＰＰの交渉参加表明を民主的にコントロールするのは不可能で、野田総理が参加すると言ってしまえば誰にも止められない。

ところが、日本が交渉参加を表明してもアメリカの承認がないと参加できないのですが、アメリカはその承認を議会がするんです。したがって日本の交渉参加について、日本はまったく民主的にコントロールできないのに、アメリカはコントロールできる。このように、アメリカと日本の民主政治の力関係は、完全に非対称になっているんです。

いまのグローバル化した状況をふまえるならば、外交交渉にも民主的コントロールを及ぼす必要があるのに、憲法ではそうなっていない。憲法が古いからです。特に経済外交は、そうしないといけない時代になっていますよ。もちろん憲法改正を言い出したら大騒ぎになります。でも法律をつくるなり、あるいは自発的に国会の承認を得ることにしたり、国民に説明したりすることが絶対に必要です。

ところが、ＴＰＰ推進論者は、国内制度が変えられてしまうことには触れず、関税の議論ばかりしていた。完全に頭が古いわけです。「国内制度が変えられる」と言った瞬間に、世論がＴＰＰ反対論に流れるのがわかっていたから、隠していたのかもしれません。ただ、知らなかった可能性もあります。

特に外務省は、国内産業を所管しない。経済産業省が所管するのは、基本的に悪影響のない製造業です。ＴＰＰで被害が及ぶ医療を所管しているのは厚生労働省です。同じく被害が出る農業を管轄しているのは農水省。つまりＴＰＰによるネガティブな影響の処理は彼らがやって、外務省はやる必要がない、だから外務省と経産省は国内産業に対する影響を真剣に考えなかった可能性がある。要するに、ある種の縦割り行政の弊害ですね。

もう1つ、「知らなかった」という根拠として挙げられるのは、野田総理が、ＴＰＰ交渉参加表明当日の２０１１年11月11日、参議院の集中審議において、佐藤ゆかり議員の質問に対し「ＩＳＤ条項についていては寡聞にして知らなかった」と答えたことです。

三橋　ＩＳＤ条項というのは、ＴＰＰ参加国において、ある国の規制や法律などの改変によって、他国の企業に不利益が生じた場合、その企業が相手政府を訴えることができる、という条約ですね。しかも、その審理は国際機関に委ねられ、非公開で審理は1度きり、判断基準は損害が生じたかどうかだけで、その国の規制や習慣の妥当性などは考慮されない、というひどい内容です。

例えば、日本政府の公害規制により、アメリカの企業が儲けられずに損害を被ったら、日本政府がその企業から訴えられ、賠償金を支払わされる可能性が高いという話です。

実際、アメリカ、カナダ、メキシコで結んでいるＮＡＦＴＡ（北米自由貿易協定）においても、このＩＳＤ条項が導入されましたが、その結果、どうなったか。メキシコの地方自治体が、アメリカ企業による有害物質の埋め立て計画に対して、環境や危険性を考慮して許可を取り消した。するとこの企業はメキシコ政府を訴え、1600万ドル以上の賠償金を得ました。

また、カナダではある神経性物質（メチルマンガン化合物）の燃料への使用を禁止したところ、アメリカの燃料会社が不利益を被ったとして、カナダ政府を訴え、巨額の賠償金を手にしています。さらにカナダはその規制を撤廃させられた。

外務省の資料によると、ＮＡＦＴＡでの投資仲裁において、何とカナダ、メキシコの企業がアメリカ政府を訴えて勝利した事例はゼロです。無論、逆にアメリカ企業側が仲裁判断（勝利）を勝ち取った事例はたくさんあります。

要するに、国家主権はもちろん、国の基準や伝統、習慣まで、相手国企業の都合で変えられてしまう可能性のある危険な条項がＩＳＤなのです。しかも、現実の仲裁判断は、少なくともＮＡＦＴＡではアメリカが勝ちまくっています。

にもかかわらず、野田総理はそのＩＳＤ条項について知らないと述べた。あれには驚きましたよ。でも野田総理は多忙な国のトップなのですから、本来は官僚が教えなければいけないところでしょう。ただの言い忘れなのかもしれませんが、もしかしたら官僚は、ＩＳＤ条項を教えると野田総理の決意が揺らぐとでも思ったんじゃないですか。いずれにしても官僚としては大チョンボですね。最低限、外務省が伝えておくべきだった。

◎構造改革主義者への抵抗

三橋　結局、野田総理は「ＴＰＰ交渉参加に向けて各国と協議する」といった、持って回った表現を使いましたが、実質的に交渉参加を表明してしまった。

しかし、それでもＴＰＰ問題では善戦できたほうでしょう。郵政選挙のときだったら、ここまで反対論を盛り上げることはできなかったと思います。麻生政権で中川氏が財務省と戦おうとしたときも、戦いようがなかったですよね、あらゆるマスコミが麻生批判、中川批判の中、私も孤軍奮闘で頑張って彼らを応援しましたが……。

橋下徹大阪市長や古賀氏らの人気があるうちはまだダメですが、それでも、だいぶ良くなってきた。

最近、私はこう思うんです。例えば高橋洋一氏は新自由主義者ですから、基本的に一部の意見は相反しています。でも、デフレ対策はまともというか、正しいことを言っている。高橋氏は単に、元財務官僚ということもあって、公共事業が嫌いなんです。それでも震災後はさすがに「財政出動、金融政策のパッケージでいいですよ」と言っています。それが、みんなの党の政策になっているわけですけれども。

ＴＰＰ問題においては、とても私とは意見が合わないわけですが、だからといって敵に回すなど変な話です。それで、デフレ脱却の1点で手を組み、一緒に本を出しました。「あいつと俺は意見がこの部分で違う」と細かくやったところで、私と完璧に同じ意見を持った人なんてこの世にいませんよね。

中野さんと私だって、絶対にどこか意見がズレているはずです。だから、結局はテーマごとに組む相手を変えながらやっていくしかない。

中野　僕もそう思います。誰かと誰かの意見が完全に一致することはないし、すべての人を完璧に納得させることもできない。

以前ある左翼っぽい反TPPの集まりで呼ばれてTPPについて話したら、しつこく「先生、原発のことで質問あるんですけど」と言ってくる出席者がいました。それで答えてやると、「うーん、私とは考え方が違います」。そうやって、いちいち意見の違いを指摘してくるんです。面倒になったので「ああそうですか、原発擁護して気に障ったなら謝りますよ。だからTPPには反対してくださいと言ってやったら、会場が大爆笑した。僕はすぐ投げやりになるから（笑）。

僕がTPPに反対をしているのは、自分のためじゃない。国のためです。国に対する忠義でやっているのです。自分の正しさを証明したいわけでもない。TPP反対論を展開していると、よく「じゃあ、農業はこのままでいいのか？　農業をどうすべきか提案がない」と批判されました。何なんだろう。なぜ最初から全部を完璧にしなくてはいけないのか。

ところで、脱原発というのは、左派の活動家にとっては、ファイナルファンタジーですね。いますぐ脱原発などはできず、いまは原発事故の終息と電力の安定供給が緊急課題になっているのに、「人の命がどうなってもいいんですか？」などと言ってまくしたてる。

でも考えてみてほしい。まだ事故の調査も終わっていない。東電とその関連会社が被曝《ひばく》しながら原発で作業をしている。停電しないように駆けずり回ってもいる。世界を見れば、イラン問題でホルムズ海峡を通る天然ガスや石油が来なくなる可能性があり、エネルギーの安定供給を真剣に考えなくてはいけない。にもかかわらず、東電解体論とかバカなことを言っている無責任な連中がいる。解体してどうするつもりなのか、まったくわからない。

三橋　最近しつこく言っているんですが、政策にしても何にしても、正解は「中庸」なんです。両極端の間のどこかに、正解がある。でも、国民が求めているのは、「極端」あるいは「極論」なんですよね。鎖国、もしくは開国だ、みたいな。その2つの間のどこかに、正解があるはずなのに。

そこをきちんと選ぶのが、大人の政治だと思うわけです。

中野　極論を好むのは、ガキなんです。子どもはみんな「なんで戦争するんだろう」「みんなで仲良くすればいいのに」なんて素朴なことを思いますよね。その調子を大人になっても続けているんです。

それから日本人は政治を舐めすぎです。僕らが幼い頃から、「政治家なんてどうしようもない」というのが周りの大人の口癖だった。

日本人は、自分たちの手で政治家を選んでいるという気がないんです。昔は、どうしようもないと言っているだけで済んだ。それは当時、みんな危機感がなかったからです。となると、いまだって、日本人には危機感がないということでしょう。

【第4章】

この国に巣食う「国を売る」人々

◎「外圧がないと変えられない」というイデオロギー

中野　ＴＰＰ問題の議論でもよく聞かれたのは、「日本は自ら変われない。だから外圧を利用して変わるしかない」というものでした。

しかし「外圧がないと日本を変えることができない」というイデオロギーは、あまりにもみっともない。イデオロギーというよりは、ヘタレの心理です。これがベットリと日本人の頭に張り付いている限りは、どうにもならない。

最近の報道を見ていると、本当に惨めです。

ＵＳＴＲ（米通商代表部）のウェンディ・カトラー通商代表補は、ＴＰＰの事前交渉において「日本の非関税障壁が論点だ」とはっきり言っていました。ところが日本ではこの1年間、農業関税の議論ばかりしていた。間抜けです。

あるいは、カトラーのところに経産省だか外務省だかのＯＢが行って、「日本がＴＰＰに参加するよう外圧をかけてくれ」と頼み込む。

カトラーに頼み込んだのが誰かはわかりません。「元政府関係者」というのは要するに官僚ＯＢでしょう。現役の官僚が官僚ＯＢに頼みに行ってもらったのかもしれない。でも、

ＴＰＰを推進している官僚は、そういうことをしそうな連中だと思います。
そして何よりみっともないのは、カトラーが「日本経済の将来に関わる大きな決定に、通商相手国がどうこう言う問題ではない」と答えていることです。つまり「外圧をかけるつもりはない。自分たちで考えて決断してくれ」と。そうなんですよ、日本は外圧なんてかけられてはいない。もちろんアメリカは日本にさまざまな要求をしますが、「ＴＰＰに入らなければ報復する！」などとは一言も言っていない。
これはつまり、日本のほうが外圧を「かけられたがっている」ということです。

三橋　結局、官僚が「自分たちの目的」を達成するために、アメリカを利用しようとしているだけですね。いわゆる売国奴というやつですよね。消費税増税も同じです。野田総理がＧ20で「消費税10％」を明言しました。といいますか、財務省がそう発言させました。明らかに、外圧によって消費税増税を果たそうとしている。
国内でまともに議論しても勝てないから、外の力を引き込むことによって、日本を自分の思い通りに変えようとしている。完全にＢＫＤ（売国奴）です。

中野　そう。これは新自由主義の論理と同じで、族議員をうるさく思っていても、彼らを自分の力で黙らせることができないので、中立ぶった経済財政諮問会議やマスコミなどの圧力を使って政治を黙らせようとする。全部同じメカニズムです。

まったく情けない。普通の国は、外圧をかけられたら何はともあれ反発しますよ。ところが日本は外圧を歓迎する。「俺たちは外圧がないと変えられないよ」「昔だって、外圧を受け入れたら日本が良くなったんだ」と言う。そんな日本人をアメリカは心底軽蔑していると思いますね。

アメリカのほうも、これまで、そのイデオロギーを利用して日本にいろいろ要求していたのでしょう。でもTPPはさすがに、日本にとって何のメリットもないものだということは、アメリカ自身もよく知っている。もし同盟国である日本で「外圧のせいでこんなひどい目に遭った！　アメリカを許さない！」などという反米感情が起きたら、アメリカとしては面倒くさいんです。だからアメリカは「外圧なんてかけていない。自分の判断で入ったということにしなさい」ときっちり断りを入れた。

アメリカの気持ちはよくわかりますよ。エジプト革命で倒れたムバラク政権は親米政権でした。ところが「ムバラクを倒せ」ということでエジプト民衆が蜂起したとき、助けを求めたムバラクをアメリカはさっさと見捨てたんです。アメリカは、エジプトの民衆を敵に回すなどという厄介なことはしたくなかった。多分、それと同じでしょう。アメリカは、日本国内の問題に巻き込まれたくないんです。付け加えるなら、それでも「外圧がないと変えられない」と官僚たちがうそぶくのは、現状として、ＴＰＰのような大仕事ができるような政治情勢じゃないという背景もあるのです。野田内閣の支持率は低いし、ねじれ国会だし、普通のセンスではＴＰＰ参加に持ち込めない。こんなふうに、国内の政治が弱いときは、国内政治以外のものを使って、自分たちの意向を通そうとするしかない。そう考えるんです。

三橋　財務省が財務官をＩＭＦ（国際通貨基金）の中に何十人も出向させているのも典型ですね。ＩＭＦはことあるごとに、日本の財政について問題視する発言をしています。とはいえ、これはＩＭＦではなく、ＩＭＦに出向している日本の財務官僚が言っているわけです。

ＩＭＦ内の財務官僚に「消費税を上げるべきだ」と発言させて、それを「ＩＭＦがそう言っている」というふうに世論に訴えかけて、消費税増税に持ち込もうとしています。本当に悪辣《あくらつ》というか、よくここまでやると、むしろ賛嘆したくなるほどです。

そもそも、ＩＭＦが「消費税を上げろ」と言っているから上げる、という話自体が理解できないのですが。何しろ、増税とは日本の主権行為なので、「ＩＭＦに言われて」やった場合、それは明確な内政干渉、主権侵害を認めたことになります。

中野　しかも官僚だけじゃない。マスメディアや世論も「外国がそう言っている」「日本だけが遅れている」「とにかくグローバル化だ」とか言いたがります。彼らが「官僚はけしからん」と言ったところで、けしからん売国奴は日本中に山ほどいるんですよね。

それでいて、彼らは売国しているつもりはない。良かれと思っている。幕末はペリーの外圧で開国したら近代化した。それが第一の開国。戦後は、GHQに占領されたら民主化した。それが第二の開国。日本は外圧に屈したら良くなる国なんだ。だから第三の開国だってわけです。

三橋　何だか大げさなんですよね。みんな「日本はこうあるべきだ」というイデオロギーに基づいた、変なユートピア意識をお持ちということでしょうか。しかし、現実にはユートピアは実現しないし、理想の国家とやらも存在しません。

単に、いまの日本の問題点を把握して、解決方法を見いだし、それを実行すればいいだけだと思うのです。日本人というか、人類というのはそういうふうに現実の中で足掻《あが》きながら、何とか進歩してきたというのが正解だと思うのですが、なぜかみんなイデオロギーに基づいた極論を言いたがる。しかも、日本の場合は「外圧」という、意味不明なイデオロギーがあるわけです。

中野　本当ですね。みっともないイデオロギーだと思う。

こういう心理は、ストックホルム症候群に近いとは言えませんか。ストックホルムで犯罪者が女性を監禁して、暴行を加えた。警察が女性を解放して助け出したが、女性は「私は暴行を受けていたわけではない。彼を愛していたんだ」と言い張った。このように屈辱を忘れるために自分に嘘を言いきかせてプライドを守る心理をストックホルム症候群と言うそうです。

これが日本とアメリカの関係ですよ。つまり「外圧で強引に開国させられた」という事実を認めたくないから、「違うんだ、俺たちは外圧を利用してやったんだ」と言い張る。そのわかりやすい例が、ペリー来航とGHQというわけですね。

でも僕は、もういい加減にしてくれと言いたい。日本が歴史上、外圧をうまく利用したことなんて、たぶん一度もないんです。ペリー来航にしろGHQの占領にしろ、日本が弱い国だったから仕方なく受け入れさせられただけ。でも、そこから必死になって立ち上がったから、日本は成功した。日本が成長したのは日本人の努力のたまものであり、外圧のおかげではないんですよ。それなのに、いつの間にか、みっともないストックホルム症候群を患ってしまった。

僕はこう思うんです。すでに触れたように、外交については政府が内閣の専権事項にしなきゃいけない側面がある。それと関係して、TPP参加においても、農業が酷い目に遭うなど、さまざまな犠牲が生じる。けれども突き放すような言い方になりますが、国際政治においては、日本の一部の人たちが犠牲にならざるを得ない、それでもなお決断しなければならない、そういう状況はあり得ると思うんです。

だけど、いまがそういう状況だというのなら、政治家は十字架を背負ってやってほしい。その覚悟もなく「痛みを伴う改革」だなんて、しゃあしゃあと言うべきではない。

もちろん後になって歴史家が「あのとき、痛みに耐えて改革して良かった」と評価するのかもしれません。だけど、いま生きている当事者の身になってほしい。痛みと簡単に言いますが、具体的には人が路頭に迷うこと、家族が離散すること、場合によっては自殺することです。そういう重みを感じながら政治をしてほしい。十字架を背負うとはそういうことです。だからこそ、政治家は重い、尊い仕事なんですから。

戦後、こういうことがありました。沖縄返還交渉において、佐藤栄作首相、そして田中角栄通産大臣は、アメリカにズルを仕掛けられた。当時、日本の繊維産業が強くなり、アメリカにどんどん輸出をしていたので、アメリカの繊維業界は怒っていました。そこで「沖縄を返還する代わりに日本企業の繊維輸出をどうにかしろ」と仕掛けてきたんです。

日本は沖縄という人質を取られていましたから、アメリカには逆らえません。やむなく、繊維の輸出自主規制というかたちで、繊維業界を納得させなければならなくなりました。結果、繊維業界は「糸を売って縄を買うのか」と怒りまくりましたよ。繊維業界を売り飛ばして、沖縄を取り返すのか、ということです。世論も、佐藤栄作と田中角栄を叩きまくった。

しかし、佐藤栄作と田中角栄は、そうせざるを得なかったのです。沖縄を取り返さない限り、日本の戦後は終わりませんでした。日本の将来のために、申し訳ないが繊維業界には泣いてもらう、そういう断腸の思いだったはずです。これが、あるべき政治家の姿というものです。

では、TPP問題はどうでしょうか。TPPに参加すれば、被災地の農家も含めて、農家を路頭に迷わせる可能性があります。その痛みを正当化できるだけの大義、沖縄返還に匹敵するような大義はあるのでしょうか。

ないですよ、そんなものは。TPP推進派に「TPPのメリットってなんですか?」と聞いてみればわかります。「アジアの成長を取り込む」と言いますが、そんなもののために犠牲になれますか？　それに、ＴＰＰにおけるアジアはシンガポール、ブルネイ、マレーシア、ベトナムの４カ国だけ、全ＴＰＰ参加国のＧＤＰに占める割合としては、わずか２・36％です。そんな小さなものを取り込んだところで、わが国の国民が路頭に迷うことの代償になんかなりません。しかも円高なのだから、そもそも輸出主導の成長自体が無理。いま、羅列されているＴＰＰのメリットはそういうくだらないことばかりです。もう、いい加減にしてほしい。

◎「ＴＰＰ参加のメリット」のでたらめさ加減

三橋　ＴＰＰ推進派の議論は、本当に抽象的なものばかりです。「平成の開国だ」「アジアの成長を取り込む」「日本の農業は世界に打って出ろ！」「ＴＰＰに入らなければ、世界から孤立する」「中国包囲網だ」……仮にそれが実現するとしても、農家やサービス産業の従事者が路頭に迷う、あるいは路頭に迷うかもしれないと不安に怯えることを正当化できる論議ではありません。

この前面白かったのが、『たかじんＮＯマネー』で大谷昭宏氏が「日本の既得権益者なんて、一回潰れればいい。農業も医療も、みんな路頭に迷えばいいんだよ」という主旨のことを言ったわけです。そこで私が「じゃあ大谷さんは、デフレのときに既得権益を潰して、皆が失業する、ということで構わないんですか？」と反論したら、大谷氏は沈黙してしまった。結局、ＴＰＰ推進派には覚悟がないんです。

中野　覚悟がない。ＴＰＰ推進派も、大義がないのはわかってやっています。あるとしたら、沖縄を取り戻すなどという大仕事とは比較にならない、実にくだらないものです。

民主党政権が普天間基地の問題でミソをつけた日米関係を良くしたい。それだけです。しかもそれは、自分たちのミスでしでかしたことだ。国益を犠牲にしてそのミスを挽回《ばんかい》しようなんて、そんなやましいことを表立って言えるはずがありません。農家をはじめＴＰＰ参加を心配している人に向けて「すみません。私たちのミスを挽回するために、犠牲になってください」だなんてね。そんなものは、大義名分には到底なり得ない。

そこで、彼らは「ＴＰＰをテコにして農業を改革する」という言い方をすることにしました。その改革の中身は新自由主義です。つまりそれは「路頭に迷う人が出てくるのは、自助努力が足りないだけ。そういう非効率な産業をゾンビのように生かしておくこと自体が問題だ」ということです。

しかも震災で東北の農業も大きなダメージを受けています。まだ復興どころか復旧すら遅々として進まない地域がある。その東北の農民に対して、「さあ、自由競争を始めますよ。潰れるところは、努力が足りないから自己責任です」と言い放つのでしょうか。

自分たちのやましさをごまかすうえでは、この「自己責任論」は無敵の論理ですよ。いや、おそらく彼らはやましさをごまかしている自覚すらない。農業を改革するためにTPPが必要だと心底信じているんです。

三橋　2011年10月に、TPPの交渉範囲が24分野もあることがようやく明らかになりましたよね。つまりTPPによる痛みは農業だけにとどまらない。今度は「規制産業をすべて改革するんだ!」と始めるのでしょうか。それで「失業者が増えてもいいんですね⁉」と聞かれたとき、「失業者が増えてもいいと思っている」と答えられるならいいですよ。でも絶対に誰もそんなこと言わないでしょう。

結局、彼らはいずれにしても自分たちのしたことに責任は取らないし、取りたくもないわけです。失業者は自己責任、などと言っておきながら、TPPで失業者が増えていいんですね、と聞かれると黙り込んでしまう。

そのくらいのレベルの連中なんですから、余裕でひっくり返せますよ。むしろ、TPP

が日本国民に「主権」の意味を思い出させる、いいきっかけになるのではないかと期待しています。今回、善戦できたのはインターネットを主力にしたからでしょう。その後にテレビがくっついてきた。

中野　しかしもう、交渉参加の議論を見ていると、いい加減な話がいっぱいあります。例えば、日本が交渉参加を表明してから、カナダとメキシコも参加すると言い出した。それを見て、「みんなＴＰＰに入りたがっているじゃないか。やっぱり日本のＴＰＰ参加は正しい」などと言う人がいますが、当たり前でしょう。日本が素っ裸になって「さあ食ってくれ」と言っているようなものなんですから。

三橋　あれはおかしいですよね。日本がＴＰＰ交渉参加を表明した次の日に、メキシコとカナダが表明を出しています。そんな短期間に、両国の国内で決められるものなのでしょうか。

カナダにしても、メキシコにしても、ＴＰＰ交渉参加は、実際には日本の参加表明とは関係ないんじゃないですか。

中野　そうかもしれない。彼らはすでにＮＡＦＴＡ（北米自由貿易協定）を結んでいましたから、特にメキシコとアメリカの間には農産品の例外品目はないのです。だから彼らは、ＴＰＰに参加したところでほとんど条件は変わらない。２国でアメリカに対抗するくらいだったら、ＴＰＰの９カ国で一緒に対抗したほうがマシ、その程度のノリなんじゃないでしょうか。

それよりもっと厄介なのは、「アメリカ主導の経済圏のＴＰＰか、中国主導のＡＳＥＡＮプラス３（東南アジア諸国連合＋日本、中国、韓国）の経済圏か、どちらに入るかが大きな選択である」などというガキみたいな戦略論を振りかざす論者がいるのです。『ＴＶタックル』で江田憲司氏が発言していたでしょう。アメリカ主導の経済圏か中国主導の経済圏かと。確かに、それだけを言われたら、普通は「まだアメリカのほうがマシかな」って思いますよ。

しかし青山繁晴氏は「日本主導の経済圏を作ればいいじゃないか」と言っていたそうですね。その通りだと思います。

まず第一に、中国の次にＧＤＰが大きいのは日本ですし、内需の大きさは中国より大きいのです。もっと言えば、アメリカ主導、中国主導と言いますが、「主導」の意味が違いますね。ＴＰＰにおけるアメリカ主導は、まさに主導で、知的財産権制度や保険制度、医療制度などをアメリカのルールに揃えるという意味です。しかし中国主導のASEANプラス3に入ると、日本は中国の特許制度を呑まなくてはいけないんですか？　中国は自国の知的財産権制度を各国に広めようとしているのですか？　しているわけがない。

それ以前に、ASEANプラス3は構想段階で留まっています。TPPのように、全部ルールを揃えましょうっていう話と全然違うんです。主導の意味が全然違うのに一緒くたにしているところが、まずバカバカしい。

それからアメリカ主導の経済圏と言いますが、TPP交渉参加国9カ国のうち、すでに日本は6カ国とEPA（経済連携協定）を結んでいます。メキシコとはEPAを結んでいますし、オーストラリアともEPAを検討中です。日米においては関税率が非常に低くて、すでに十分自由貿易と呼べる水準ですし、しかもそのような歴史が長い。

ということで実は、日本はすでに「アメリカ主導の経済圏に取り込まれている」と言ってもいいのです。TPP参加・不参加は、その経済圏から抜ける・抜けないというものではなくて、単にタチの悪い経済連携協定を拒否するかしないか、その程度の問題です。

まとめると、日本は自分たちの経済圏があるうえに、中国主導の経済圏と呼ばれるもの、アメリカ主導の経済圏と呼ばれるものがオーバーラップをしているので、TPPに入ろうが入るまいが何のメリットもない。ただし、入るとアメリカのルールを呑まなければならなくなる。その1点の違いだけです。

三橋　いまのアメリカが抱えている問題というのは、要は失業率上昇ですよね。失業率を下げようというとき、内需で財政出動できないのであれば、アメリカは日本や中国に物を売るしかないじゃないですか。

なぜオバマ大統領は、こう考えないのでしょうか。例えば日本にもっと「内需拡大しろ！　財政出動しろ！　金融緩和しろ！」とプレッシャーをかける。日本が食らいついたら、アメリカ製品を輸入させる。また日本と中国と争わせる。そうすると日本は軍備を揃えなければいけないので、アメリカの武器弾薬、空母などが売れて、アメリカの失業率の低下に直に影響する。

そちらのほうが絶対、ＴＰＰより大きなメリットをアメリカにもたらすと思います。

中野　どうしてその戦略をオバマ大統領が取らないのか。2つの可能性があります。1つは、実はオバマ政権は成立以来、日本に向けて内需拡大の要求をしています。ガイトナー財務長官が2010年に書簡を送りましたね。ところが日本はそれに応じなかった。だからアメリカは、自分の手で獲りに来ているんです。

ですから「簡単にはTPPには入りませんけど、その代わり内需拡大はします。ちょうど武器も欲しかったから買いますよ」と言えば、実は日米関係は丸く収まるはずです。むしろ良くなると思いますね。ところが日本には財政出動したくない人ばかりで、「内需拡大は諦めろ。外需を獲りに行くしかない」ということで、TPPに走ったというわけです。

三橋　日本は日本で、経済成長を否定する人たちがいますよね。「普通に内需を拡大すれば成長できる」という議論を否定して、「少子化だから、人口減だから、成熟化だから、無理だ」という理屈をつけてくる。

私に言わせれば「それはデフレだからで、デフレを解決すればいいだけだ」の一言です。でも彼らは「デフレは続く。だから外需だ。TPPだ」と頑《かたくな》です。挙句の果てに、「日本は少子化で人口が減っているから、デフレは宿命だ」などと意味不明なことを言い出す。

単なる「通貨価値の上昇」であるデフレが、日本の宿命のはずがありません。と言いますか、日本のデフレが本当に「宿命」で抗い難いのであれば、政府は歳出の原資をすべて日本銀行の通貨発行で賄えばいい。何しろ、デフレは「日本の宿命」ですから、政府がどれだけ通貨を発行しても、インフレにはならないわけです。ということは、日本はめでたく無税国家になれるということになってしまいます。

無論、現実には上記のような話があるはずもなく、日本が極端な規模の通貨を発行すればインフレになります。つまり、デフレが終わるわけです。それにもかかわらず、日本には「デフレは宿命」「成長はしない」と繰り返す変な人たちが大勢います。

中野　そういう事情があるので、日本は財政出動したくない、緊縮財政にしたい、ＴＰＰに入りたいわけです。じゃあアメリカはというと、それなら遠慮なくＴＰＰを貰いますよとなる。しかも、２０１２年のアメリカは大統領選挙があります。保険業界や農業団体などの利権集団もＴＰＰに参加しろと言ってプレッシャーをかけています。

そのほか、仮説の域に留まっていますが、日本は経常収支の黒字を貯め込んで、アメリカの国債を大量に買い込んでいます。もし日本の黒字を日本の内需拡大に振り向けられたら、アメリカの国債を買わなくなるかもしれないとアメリカは心配しているのかもしれない。また、日本が内需拡大で成長して、輸入するものがアメリカからの品とは限らないですし。空母を買うとか、ターゲットを絞って買うならいいのですが。

もう1つあり得るのが、オバマ政権もまたウォール街の金融資本家やその他の利益集団に乗っ取られているのかもしれない。利益集団が支配するというのはアメリカの政治の構造的な問題です。

ウォール街の金融資本家にとって、国債発行なんて面白くもおかしくもない。儲からない、つまらないビジネスなんです。それよりも、彼らがやりたいのは、何よりも儲かる、面白いビジネスです。金融緩和でジャブジャブにして、不景気の日本の資産を買い荒らしたい、財政出動なんかやって健全だけど面白くない経済をつくるのはいやだ。多分そう思っているんです。

三橋　藤巻健史氏も「日本国債は暴落する」と言い続けていますけど、あれも単に国債のビジネスをやりたくないからですよね。あるいは、日本国民に銀行預金ではなく外国に投資してもらいたいわけです。そちらのほうが、彼らの手数料収入が増えるから。

中野　先ほどの日本の官僚の話に関係しますが、ワシントンにいる、政策を左右するような人たちが、なぜ、貧富の格差を是正しようとしないで、トリクルダウン仮説を信じているのか。ロバート・ライシュはこういうことを言っています。

経済政策をつくっている、ワシントンの政治家なり高級官僚が付き合う人間というのは同じ学歴の人たちです。つまり金融マネジャー、ファンド・マネジャーといったウォール街のエスタブリッシュメントですね。彼らと美味《おい》しいものを食べながら、意見交換をするわけですが、そのウォール街の価値観こそ、トリクルダウン仮説で世の中はうまくいく、というイデオロギーで彩られています。

彼らは格差の現場なんか見ようともしません。スラム街の様子も知らず「あいつらは怠け者なんだ。努力が足りないんだ」と言っている。

三橋　第1章で触れましたが、増田悦佐氏の文明論と似ていますね。

ワシントンのエリートたちは車で通勤しますから、街を歩かない。だからスラム街を知らない。郊外にある自宅とオフィス街を車で往復するだけですからね。さすがに、日本はそんな生活をしている人は少数派でしょうが。

中野　日本の場合、経産官僚が付き合う相手はおもに輸出産業の人たちです。「グローバル企業だから世界を知っている、ぜひ意見を聞かせてほしい」ということでね。

その輸出産業の人らと一緒に食事をしていて、「官僚はビジネスの実態がわかっていない」などと言われると、官僚は著しく傷付きます。そこでちょっと勉強して「これからは金融の時代ですね」「日本の非効率なところを破壊しなければ」とか言い出すと、「さすが中野さん！　経済をよくわかっていらっしゃる」とか褒められていい気分になる。そんなふうにして、官僚は輸出産業の人々の価値観に染まっていくのです。

また経済の現状や先行きを知ろうとすると、金融関係のアナリストを呼ぶわけです。すると「いまは国債バブルが起きています」「日本は破綻と見られていて、海外のファンドは中国やインドばかり見ています」「構造改革しないと世界のマネーは来ませんよ」とか説明してくる。「だから日本は変わらないとダメですよ」という話を、官僚はしょっちゅう聞かされ、それを真に受けてしまっています。

もっとまずいのは、政治の世界でも「民間の知恵を活用する」と言って、金融関係者を招き入れるようになっています。政府の審議会はもちろん、事業仕分け人にもいましたよね。「民間の知恵を活用する」という流れの中で、そういう民間の人たちがどんどん政治に近づいていくんです。このように、アメリカでも日本でも同じ現象が起きているわけです。

どうもみんな、金を稼ぐのが上手な人が政治・経済・行政をやると国が豊かになる、企業経営が上手な人は国を豊かにするのも上手だと思い込んでいるようです。でも実際のところ、国を動かすのと企業経営はまるで違うものです。

◎日本人は政治を舐めすぎている

中野　まあそれも、１９９０年代からあったことです。かつて政策新人類と呼ばれる人々がいましたよね。改革派ぶった若手の政治家たちに入れ知恵をしているのは、コンサルタントたちです。あるいは外資系の金融会社で長くファンド・マネジャーをやっていたような手合いです。

彼らは「自分たちは世界を知っている」と言っては、自分たちに都合のいい情報を政治家に吹き込んでいます。知ったかぶりをしてそれをそのまま主張するような政治家が、新しい政治家であるかのように評価されているわけですね。

ところがここにグローバル化の厄介なところがあって、前述したようにグローバル化したり金融資本主義化が進んだりすると、企業の利益と国民の利益が一致しなくなる現象が起きます。昔は輸出企業が輸出を伸ばせば1人当たりの国民所得も上がっていきました。ところがいまはグローバル化したことで企業が国を選ぶ時代になり、企業の利益と国の利益が一致しないのです。

それどころか、むしろグローバル産業はデフレを好みます。昔は賃金が下がるとモノを買わなくなり、市場が縮まってしまうので賃金を上げた。ヘンリー・フォードのフォーディズムに代表される考え方がそうですね。賃金を上げるとコストが上がりますが、一方で国内需要、つまり市場を拡大させるので、業績も上がるんだと。

ところがグローバル化すると、労働者を国内で雇っていても、製品の販売先は海外だったりします。賃金を下げてコストカットすると、国内はデフレになります。しかし、そうして国内市場が縮小しようと、もともと販売先は海外市場なんですから、企業には何の不都合もないのです。

だいたい、日経新聞や経団連が言う企業の国際競争力の強化というのは、三橋さんが言うような高付加価値化の努力をしないとすれば、人件費のカットとイコールです。つまり賃金の抑制かリストラか。ですから国際競争力を強化しようとするほどに、日本経済はデフレが進むし、デフレのほうがいいんだ、ということになってしまいます。人件費が下がり、その分、利益が伸びるというわけですね。

そして、2000年代は輸出が伸び、大企業の利潤率が上がり、株式の総取引額に対する外国人投資家の割合も増えました。でもデフレだし、給料は下がっているから、日本の国民は不幸になっています。このようにグローバル化すると、企業の利益、金融機関の利益、国民の利益が相反するものになっていくのです。

だとすると、グローバル化した企業や金融機関の要求に抵抗して、国民の利益を守る組織が絶対に必要になります。それが、ほかならない、選挙で選ばれた政治家であり、官僚なんです。

ところが、まさにグローバル化の時代だった90年代から2000年代にかけて、国民の利益を守ろうとして企業や金融機関に抵抗していた政治家や官僚たちは、抵抗勢力として国民から追い払われました。官僚だって、あんまり叩かれれば、じゃああなた方の言う通りにしますとなります。そうしないと出世しないわけですから。

その結果、企業やグローバル金融機関が言っていることをそのまま遂行する機関としての官僚制度ができ上がってしまった。族議員を抑えるためには経済財政諮問会議ができましたね。経済財政諮問会議があるために、グローバル企業や金融機関が、政治を飛ばして、直接政府を動かすことができるようになっています。今度はそれを真似して国家戦略会議が設置されています。

グローバル化する際には経済構造改革だけではなく、政治改革や行政改革もセットでなくてはいけなかった理由はここにあります。アメリカ政府はそれについて完全に成功して、90年代くらいから完全にウォール街に乗っ取られています。またそのずっと昔から、民間企業の代表が役所のトップになれる制度になっていました。

というわけで、いまの官僚に「国民のことを考えていない」「売国奴だ」なんていくら言ってもムダです。彼らは彼らで、誠実に考えているつもりなんですよ。けれども、彼らはグローバル企業やグローバル金融機関ばかりに囲まれているから、彼らに価値観を乗っ取られている。

三橋　アメリカの場合は、いや、別にアメリカに限りませんが、欧米諸国は黒船の時代から自国の国益のために「他国の主権を侵す」ことを平気でやってきました。日本の江戸末期の「開国」など、関税自主権を奪われたわけなので、まさに主権を侵害されたことになります。

とはいえ、黒船の頃の欧米諸国は「自国で生産した製品を、外国に売る」ためにアジア諸国などの関税自主権を奪っていたわけで、産業としては製造業でした。製造業の場合、日本の関税自主権を取り上げ、輸出品をなだれこませれば、一応、自国の労働者たちも潤います。

それが、1980年頃から、アメリカは他国に「社会制度システムを変えろ」と言い出します。他国の制度や法律、慣習を「非関税障壁」と呼び、特に金融サービスの市場拡大を狙い始めたわけです。金融サービスや投資市場を拡大するには、相手国の官僚の価値観を変えてしまうというのは、確かに1つの手法ですね。相手国の官僚に自国で学ばせ、自国の価値観を植え付けて国に返す、と。ローマ帝国の時代からこの種の手法は使われていたわけで、別に新しいやり方でも何でもありません。

とはいえ、日本の官僚がアメリカの価値観で仕事をするとなると、やはり政治で変えるしかないわけですよね。

中野 その通りです。ところが政治で厄介なのは、昔は中選挙区制だったのがいまは小選挙区制になり、地方の意見や少数派の意見が吸い上げにくくなったことですね。いまのままの選挙制度でももっといい線までいけますが、やはり選挙制度を変えるという、こういう動きが必要なんだと思います。

繰り返すほどに凡庸な結論ですが、日本を変えるには、やはり政治です。かつて「日本は、政治は三流だけど経済は一流」「官僚が優秀だから、政治がダメでも何とかなるんだ」と言われていました。でも、違うんですよ。日本の経済が一流だった時代は、政治も一流だった。それが、政治がダメになって経済もダメになったし、官僚もやっぱりダメになったんです。

これまでの政治改革や構造改革の実験でわかったでしょう？　政治がダメでも官僚がし

っかりしていたか。誰がやっても同じだったのか。違うだろう。政治を舐めちゃいけない。政治はものすごく大事で、民主主義は恐ろしいものだということを忘れてはいけない。

僕が一番ショックだったのは、2009年の政権交代選挙のときのことですよ。普通、「100年に1度」とまで言われる経済危機においては、国民は保守化するものです。危ない状況になったら大胆な実験はやらないものです。ところが日本は、民主党に政権を任せてしまった。民主党を信じていたからではない。「1回やらせてみるか」と、みんながそう言ったんです。そんな実験が許される悠長な事態ではなかったのに……。

そんなふざけた判断をしては絶対にダメなんです。「1回やらせてみてダメだったら、別の政権を選べばいい」という意見もありました。それはそうかもしれませんが、結果として、その間違った政治家たちが、震災の復興を疎《おろそ》かにした、あるいは普天間の問題をめちゃくちゃにしたり、TPPの交渉参加を表明したりしてしまった。

震災で死んだ命は帰ってこない。国際公約も取り返しがつかない。普天間の問題にしても、今後新しい政権が立ったところでどうにもなりません。政治は一度まずいことをしでかしたら取り返しがつかない。だから心してかかるんだという真剣さがない人たちが多すぎるんです。高度成長期やバブル期であれば、それで良かったのかもしれないけど。

だからいまは、ちょうど過渡期なんです。残念ながらその過渡期にリーマン・ショックが起きて、世界が大変なことになった。この決定的な瞬間に、ふざけたやつらが政治・経済・官僚界、あらゆるところで意思決定の中枢に座っている。だから、早く退いてもらわないとね。退きはじめてはいるのですが、まだまだいるんですよね。マスコミ界もそうでしょう。

三橋 毎日新聞社長の朝比奈豊氏なんか典型じゃないですか。何しろ、彼は元全共闘ですよ。もともとは共産主義者だった渡邉恒雄氏だって、まだいます。でもまあ、あと20年くらいしたら皆死んじゃいますから。

中野 過渡期だから面白いとも言えないことはないが、この過渡期がもう少し前倒しで始まっていれば……。

普天間基地の問題で、外交で致命傷を受けたらまずいとわかったのに、どうしてTPPなんでしょうね。

「TPP不参加のせいで、アメリカに有利なルールを押し付けられたら困る」という意見があった。押し付けられたら困るというなら、参加しなければいいだけじゃないですか。

TPPなんて交渉参加9カ国のGDP比率で見たら、アメリカが9割を占めるんですよ。

なんでそんなものに日本は入らないといけないのか、じゃあＮＡＦＴＡに日本が入っていないから日本は取り残されているんですか？　まったく理解できない。

ただ、交渉参加表明まであんなに煽《あお》っておきながら、交渉参加したら懐疑論が増えてきたというのは面白い現象ですね。それは、ＴＰＰ交渉参加にまつわるドタバタを経由して、ようやくＴＰＰの内容がわかってきたからかもしれません。けれどもいままでなら、最初に賛成していたら、そのまま賛成を貫いたはずです。意見を変えたら、自分の間違いを認めたことになりますからね。

それから、左翼か右翼かを問わず、反対する人は反対する一方、大手５紙は左右を問わず賛成、そして週刊誌は反対というのも面白いですね。一番笑えるのが、共産党と国民新党や自民党が揃って反対していることですよ。田中康夫氏が言っていましたね。国民新党と共産党の意見が一致した。「これぞ国共合作だ」と。

三橋　佐藤ゆかり氏など、もともとは新自由主義と目されていた人たちも、最近は目覚め始めました。要は、このままでは次の選挙がやばいと思ったんでしょう。ある意味で、民主主義が機能していることになります。マスコミは散々叩いていますが、片山さつき氏などもそうですね。

中野　やっぱり、有権者の後押しがあるというのは大事ですよ。

三橋さんは政治進出の経験があるからご存じだろうけど、僕は政治家に向かない人間だからわからなかった。

ＴＰＰ交渉参加表明の日に、ＴＰＰ反対の集会の参加者が民主党の長尾たかし議員に「長尾先生、私たちは何をしたらいいんでしょう?」と聞いたら、長尾氏は目に涙を浮かべてこう答えた。

「とにかくお近くの国会議員の事務所に行って、思いを伝えてくれ」「何党でもいいから応援してくれ。私はＴＰＰに反対して叩かれたけれども、３０００通の応援ＦＡＸが来て、メールも山ほど来た。私はその束を抱えて執行部と戦ったんです。これがあるから、私たちは有権者の手足として頑張れるんです。ぜひ応援してください」

なるほどな、と思いました。僕は「頑張ってください」と言われると、「言われなくても頑張っているのは、見りゃわかるだろ!」と言い返したくなる人間です（笑）。だからそういう気持ちがわからなかったんだけど。

政治家が頑張るにも、何か武器がいるということですね。応援されると自分の力以上の力を発揮できる人間たちがいることを知って、かっこいいと思いました。僕の知らない世界でしたね。

◎国民を欺く売国マスコミの大罪

三橋　かねてから著書などで主張してきましたが、この国を誤った方向に導こうとしている主犯の１人が、マスコミです。

「日本が国家破産する」「増税が必要だ」……そういったウソを平気で流してきました。

ＴＰＰ問題にしても、新聞、テレビなどの主要メディアはすべてが賛成し、明らかな捏《ねっ》造《ぞう》報道までしかけてＴＰＰを後押ししました。増税派や構造改革派のお先棒をかつぎ、国民を欺こうとしている。ここには何らかの意図が働いているとしか思えません。

繰り返しになりますが、いま日本では、増税や構造改革を望む者たちによって、民主主義を悪用したショック・ドクトリン（大きな惨事や危機に乗じた、過激な市場原理主義改革の押し付け）が行われようとしています。

日本では自衛隊にクーデターを起こさせることなどは現実問題としてできません。ならば民主主義に基づいたショック・ドクトリンを起こし、そのドタバタに乗じて改革を断行する。そのためにマスコミを動かし、国民を洗脳しようという話になっているのではないでしょうか。

ＴＰＰ問題では、中野さんがフジテレビの「とくダネ！」に出演したとき、テレビ局側の示したデータなどに対して、「それはおかしい」と激怒した姿が生放送で流され、話題になりました。


中野　この1年、ＴＰＰ問題で多くのマスコミに露出しましたが、そこで感じたことがあります。特にテレビですが、ディレクターたちは「中野さん、信じてください。偏向報道をしているつもりはないんです。ただ数秒間の短い時間で、ボーッと見ているお茶の間の視聴者に印象を残すには、ワンフレーズでインパクトのある構図を見せないと、われわれの商売が成り立たないんです」と言うのです。

テレビでは、ワンコメント15秒以内にしろ、という話がありますよね。

僕が「本当はこういう事情がありまして」と詳しく説明してもお茶の間にはわからないということで、カットされてしまう。そのディレクターが言うように、テレビという商売上の制約、インストゥルメントに制約されている面も確かにあるのでしょう。

しかしこれは視聴者を舐めているし、それから15秒間で行う僕の説明能力も舐めています（笑）。

三橋　私はTOKYO　MXテレビの番組にレギュラー出演をしていますが、そこでTPP特集を延々50分ほどやったところ、視聴者はちゃんとウケてくれました。逆に言えば、TPPについて解説するには、50分なり1時間なりの時間を与えられなければ無理なのです。本書の内容について、15秒で語れと言われても無理なのと同じです。ショック・ドクトリン1つとっても、まじめに説明すれば2時間や3時間は軽く必要になります。

その点、それなりの時間を与えてくれるMXはすばらしいテレビ局だと思いますが、私も番組によっては、ゲストとして呼ばれたにもかかわらず、一度もコメントを求められなかったり、せっかくコメントしてもすべてカットされる、あるいは違った意味に取られるようなコメントに編集される、といった経験をしたことがあります。

中野　結局、ディレクターたちが、視聴者はバカだと思い込んでいるだけなんです。視聴者がテレビに退屈しているということも知らない。僕が出演したネット動画のリアクションを見ても、テレビにちょっと出演したときのリアクションを見ても、視聴者がきちんと理解していることがわかります。

新聞にも同じような背景があるのではないでしょうか。僕も役人で忙しかったからわかりますが、あまりに忙しいと、手間を省きたくなるのでしょう。どうせ視聴者はわからないんだし……と。

しかも彼らは「べつに世の中をミスリードしたいわけじゃない。だって世論がそうなっているんだし」とまで言う。つまり自分たちが世論を誘導しているのか、自分たちが世論に従っているのか、わかっていない状態なんだと思います。

◎テレビ、新聞の世論操作の実態

三橋 テレビについては、TPPが放送分野にも及ぶことがわかり、自分たちテレビ業界が外資に脅かされる可能性を認識するようになって、だいぶ論調が変わった感じがあります。

例えば、TPPには「投資」という分野がありますが、この中において現状の日本の「放送事業者の株式における、外国人保有割合の制限(20%)」が撤廃されるかもしれません。そうなると、日本のテレビ局が「外資化」し、現在働いているテレビマンたちは、容赦なくリストラされるかもしれません。あるいは、テレビ事業の規制緩和ということで、電波オークションが導入されるかもしれない。そうなると、テレビ局の「特権」である放送免許も、どうなるかわかりません。こんな話が広まるにつれ、以前に比べてテレビ局は、反TPPに対する理解を示すようになってきました。私や中野さんをテレビに出演させるようになりましたしね。

しかし、新聞は主要紙すべてがいまだにTPP賛成です。

以前、中野さん、東谷暁さんと私との共著『「TPP開国論」のウソ』（飛鳥新社）が、日経新聞紙上での広告掲載を拒否されたことがありました。広告に載っていた「大マスコミの情報隠し」「悪質なデマ」という文言がダメだということでした。

出版社が譲歩して、「メディア上の情報の偏りをただし」「悪質な開国論」と変更することを申し入れましたが、それでもダメということで、結局、広告掲載は拒否されました。許しがたいことです。

このように、テレビは軟化したものの新聞はかなり頑です。何しろ、新聞社は独占禁止法の特殊指定で価格競争から守られているのに加え、株式を上場しているところは1社もありません。TPPで投資が自由化されたとしても、外資が新聞に投資をすることはできないのです。その点が、テレビとは大きく違います。

中野　テレビについては、出演する評論家たちも新自由主義・構造改革論に染まっています。そういう人たちが出ているから、テレビがその方向に流れるのはわかる。でも新聞は、それ以上のことがありそうです。あまりにもＴＰＰ賛成で足並みが揃っているから。

それはこういうことだと思います。政治部、経済部、社会部の記者がいますね。政治部は官邸や政治家にくっついて、経済部は財務省・経産省にくっついて、取材を通じて政治経済の勉強をするわけです。したがって彼らの意見は自然と、同じ価値観に染まっていく。ワシントンの官僚が、ウォールストリートの金融エリートと付き合ううちに、彼らの新自由主義的な価値観に染まるのと同じ構図です。

経済部出身の記者や論説委員と話していると、「経産省にずっと張り付いているので、〇〇さんを知っています」「昔の財務省はこうでしたよね」といった話になります。つまりボキャブラリーが役人と一緒なんです。

もちろん忙しい中で、役所からブリーフ（記者ブリーフ）されたものをそのまま流している面もあるとは思いますが、それ以前に、もう頭の中が役人とシンクロしているのです。

一方、役人のほうも世間がどうなっているかわからないので、新聞記者から情報をもらうのです。しかしその記者は、取材に来る前から経産省や財務省の役人の頭とシンクロしている。つまり「マーケットは皆、財政出動しても意味がないと言っていますよ」という役人の主張にすでに染まっている。その記者に「これで赤字国債が増えたらどうなるの？」

と聞いたところで、「それでは破綻して、マーケットは混乱しますよ」「そうだろう、やっぱり」となる。このように、記者は役人に影響されて、役人は記者に影響されて、同じ話がぐるぐる繰り返されるだけなんです。

そんな程度の話です。新聞の論説委員なんて、昔の共産主義者のような強烈な信念とイデオロギーでもって世の中を動かそうなどとは思っていないじゃないんですか。誰も、それほど強固な勉強はしていませんよ。結局、その場の空気にふわふわと流されていくだけ。官僚も、論説委員たちも同じですよ。両者とも、おそらく「本当は経済のことがわかっていない偏差値エリートだとばれたらどうしよう」と不安なんでしょうね。ＴＰＰも多くの人が賛成しそうだったから自分も賛成した――その程度のことです。

やがて世論は「ＴＰＰはおかしい」という方向に流れましたが、いまさら論説委員たちも「やっぱりＴＰＰは間違っていました」とは言えないですよ。「では情報もないままに賛成していたのか」と批判されますから。

だから東日本大震災という状況の大きな変更があったにもかかわらず、彼らは頑強に考え方を変えませんでした。いまも彼らは、自分たちに不都合な情報は伏せて、都合のいい情報を何とかして見つけようとしています。

三橋　私が常々感じていたのは、とにかくマスコミはきちんとしたデータや情報に基づいて発信していない、ということです。

「赤字国債が膨らんで、日本が国家破産する」などといまでもマスコミは主張していますが、かつては「国民1人当たりの借金」といった表現で危機感を煽っていました（いまもやっていますが）。そこで私は「誰かの借金は誰かの資産になる。政府が国債発行で借金したそのお金は、誰が貸し出したのか？　国民の預金が国債を買っているのに、それが国民の借金だというのはおかしい」と反論し続けたのですが、最近では「国民1人当たりの借金」という文言はあまり使われなくなりましたね。

「日本がギリシャのようになる！」というのも、さんざん言われたことですが、外国に共通通貨建ての国債を買ってもらったギリシャと、日本円建てで国内消化が大半の日本の国債とでは、まったく事情が異なります。そういう差異を無視して、「日本がギリシャになる！」などと論じている。

こういうことに対して、私はデータを示して反論しているのですが、彼らは先述した「国債バブル」のような変な言葉を持ちだしたりして、何とか「国家破産論」を正当化しようとする。

私が示しているデータなど、インターネットで公表されているものばかりです。データをきちんと検証すれば、正しいことがわかるはずなのに、それすらしない。それがマスコミの現実です。

中野　そうやって、何とかして自分の論を正当化することに汲々《きゅうきゅう》としている。ただ、官僚の腐敗も、マスコミの腐敗も、よく攻撃されるテーマではありますが、よく考えれば、こんなことは、どんな会社だろうが、どんな業界だろうが、誰の身の上にも起きることです。

官僚やマスコミは、たまたま公共の場にいて目立つということだけなんです。所詮人間なんて、特に日本は階級社会ではないですから、みんな同じようなものです。あるのは、ちょっとした立場の違いくらいですよ。

三橋　以前、あるテレビ番組で日銀や財務省の文化について話したとき、「なぜ役人は、その省の文化に染まるんですかね？」と聞かれました。民間企業にも、その企業ならではの「企業文化」があって、社員はみな職場の文化に染まるわけです。その点で、官庁だろうが一般企業だろうが、違いはありません。そもそも、独自の組織文化がない組織のほうが珍しいというか、ほとんどないでしょうに。

中野　要するに、近親憎悪なのでしょうね。自分が出世のことばかり考えているから、そんな自分に似た、出世のことばかり考えている人たちを叩きたくなる。そういう人たちが橋下徹や小泉純一郎に票を入れる。

そうやって世の中の空気に左右されるのは、信念がないからです。映画『スター・ウォーズ』で、オビ＝ワン・ケノービがフォースで帝国軍の兵士に言うことを聞かせるときに名台詞《めいぜりふ》を吐くんです。「フォースは信念のない奴ほど効く」。あの台詞はうまいと思いました。

もちろん僕だって無謬《むびゅう》ではありません。間違えることがたくさんある。人生も含めて、間違ってばかりだ。でも「間違えました。でも僕が言いたいことはこうなんです」と言って頑張って主張するしかありません。信念を持って、理論武装して、情報をちゃんと積み重ねて。普通の人間は、皆から無視されたりバカにされたりすると挫《くじ》けてしまいます。僕は「アイツは経済学の学位を持っていない」なんて冷やかされているらしい。そんなもん、恥ずかしいから持っていないだけなんだけどね。

三橋　私も言われます。お前はただの中小企業診断士じゃないか、「彼は経済学を知らない」とか。一応、私は経済学部を出ており、しかも診断士ですから財務分析のプロです。さらに、私が書いたりしゃべったりしているものは、すべて現実のデータに基づいています。そういう当たり前のことができない人が、やたらレッテル貼りをしてくる印象です。

中野　そういうレッテル貼りをされるうちに、大抵の人間は挫けるものです。けれども、われわれのように挫けないでやっていると、だんだん味方が増えてくる。

だけど、その空気に染まってしまう人たちを説得するのはとても難しい。それはプライドの高い人ほど難しいのです。

例えば「あなたは経済学をわかっていない」「勉強していないいんだ」と言って僕をバカにしている人がいるとしましょう。でも彼らと話してみて、僕のほうが知識があるとわかると、彼らは今度は「君、知識だけあってもダメなんだよ。大事なのは行動だ」とか「君には具体策がない」などと言い出すのです。例のドミナント・ストーリーですね。何がなんでも自分のほうが偉いという結論を変えようとしない。自分の意見を裏付けてくれる情報しか見ようとしない。彼らを打ち破るのはほとんど不可能ですよ。

「敵を作っちゃいけない」も、これまたお歳を召した方々のワンパターンの言い方ですね。しかし敵を作らないように言い方を気にしていたら、誰かの考え方を変えられるわけがない。「とくダネ！」に出演したときも、「君は言っていることは正しいけど、あんな言い方だと人に伝わらない」と、いろいろな人から説教されました。でも「正しいけど」と思っているんなら、ちゃんと伝わっているじゃないか（笑）。

三橋　ある評論家が私の本の書評をしてくれたときも、同じようなことを書かれました。「本の内容は全部正しい。でも、いろいろな人の個人名を挙げてバカにしているから、これはちょっとなぁ」「そういうやり方しなくていいんじゃないのか、正しいんだから」と書いていた。

でも私は違うと思うのです。間違っている連中については、容赦なく間違っていることを指摘する。そういうやり方をしないと、世にも出ない。

中野　仮にそういう攻撃的な言い方をしないように心がけても、相手の考え方が根本的に間違っていると指摘すると、プライドの高い彼らは「バカにされた」と感じるわけです。バカにしているのは事実だけど（笑）。どんなに落ち着いて客観的に話そうとしても、特に日本人は「攻撃された」と受け止める。批判されることに慣れていないからですね。

でも、そんなにつまらないやつらに気を使って、傷つけないようにしているうちに、皆デフレで不幸になったのですから、もういいでしょう。

彼らがいやらしいのは、攻撃的なのは良くないとか言っておきながら、農協が悪い、大阪市役所が悪い、官僚が悪い、電力会社が悪い、建設業界が悪いといって攻撃しまくるところです。そして自分たちが批判されるのを極度に恐れる。本当にいやらしい連中ですよ。こうなったら覚悟を決めて、連中を叩き潰していくしかない。もちろん多勢に無勢ですが、これしか方法がないと思っています。

三橋　何があっても意見を変えない、つまり絶対的価値観を持っている人たちを説得するのは、時間のムダです。

だから私は、これからの戦い方として、彼らのおかしさを超バカにしながら、はっきり書けば、嘲笑しながら、国民に議論を見せていくべきだと思うんです。実際、私がずっとやっているのはそういうことです。「三橋はそういう奴らを嘲笑しすぎて敵をいっぱいつくっている」とか言われますが、彼らはどうせ変わりません。私は彼らを変えようとしているわけではなく、議論を見ている国民に期待しているのです。

◎過ちを決して認めない評論家

三橋　宮台真司氏にしろ、宮崎哲弥氏にしろ、経済評論家じゃない人たちは意外と軽く転向しますよね。ＴＰＰにしても、彼らは「以前の考えは間違っていた。やはりＴＰＰは問題だ」と言って、考えを変えた。「専門じゃないからしようがない」ということで、プライドが傷つかずに済むということなのかもしれませんが。

ただ経済評論家たちは、一度ＴＰＰに賛成するとその後転向できず、いろいろ理屈をこねまわしてＴＰＰ賛成論に固執する。もういい加減に過ちを認めてしまえばいいのに。

ちなみに私は、これは自分でも褒めたいところですが、ＴＰＰの話が持ち上がった直後から「ＴＰＰについて、書いてくれ、書いてくれ」と色々な人に頼まれたのですが、何も書きませんでした。その時点ではＴＰＰの中身がわからなかったから、反対も賛成も一切なかったわけです。その後、ＴＰＰの中身がわかってから「これはマズイ」ということで反対を始めた。だから私は、横浜ＡＰＥＣから半年ぐらいはＴＰＰについて一言も触れていません。わからないのに意見など言えません。

原発問題についてもよく聞かれるのですが、私にはわからないのです。専門家でも何でもないし。だから「わからない」とはっきり言うことにしています。

中野　僕も自分が知らないことにはコメントしません。ネットユーザーから、「どんな企業に就職したらいいでしょうか？」と聞かれても「知らない」と答えました（笑）。

原発関連についてはわかるところとわからないところを峻別《しゅんべつ》しています。原発耐震化は絶対に不可能だと技術的に証明できるならいいですが、それは僕にはできない。逆にできるのは、日本で安全な原発が可能だと言う人と不可能だと言う人の話を聞いて、可能だと言う人のほうが論理的に正しい、と判断することくらいです。

僕はそこを厳密に区別しています。僕には技術的な知識はないし、あるいは電力会社や政府が隠している情報が後から暴露されるかもしれない。そうなったら「間違っていました」と言います。

要するに、わかる範囲で発言する。「専門家ではないから黙っていろ」では、民主主義も言論の自由も成り立ちません。知っていることと知らないことを分け、知っている情報に基づいて発言しています。その情報源が間違っているなら、僕の考えも間違っているのでしょう。でもそれは情報源が悪いのであって、僕のミスじゃないですからね。これまでのＴＰＰ反対論はすべて公開情報をもとに組み立てています。でも、皆はそれすらやっていないのだから。

◎尋常ではない農業（弱いもの）の叩き方

中野　それにしても、TPP賛成派たちの農業の叩き方は、常軌を逸していました。子どもでも知っているように、日本は狭い。農家1戸当たりの農地の面積を比べると、アメリカは日本の120倍も広いのです。オーストラリアともなると1500倍です。しかもアメリカはドル安、日本は円高で、アメリカ農産品の競争力は倍加しています。そうした状況下で関税抜きで戦えというのですからね。しかも東北の農家は被災して、農業再生どころか原状回復のメドすら立っていない。それなのに、アメリカとガチンコで戦って生き残れるよう農業を改革しろだなんてことを1年間も要求し続けました。

実はTPP反対論が盛り上がってきたのも、農業だけの問題ではない、自分たちにも被害が及ぶということが理解されるようになってきてからでした。つまりみんな、わが身可愛さから、反対が増えるようになっただけなんです。

でも、農家が叩かれるほどおいしい利権があるなら、もっと農家が増えていますよ。1年間も農業を叩き続けておいて、2011年の標語は「絆」だなんて、白々しいにもほどがあります。

三橋　安全保障的な観点も欠けていますよね。製品やサービスとは十把一絡げに語れないものです。農業1つとっても、コメの問題と果物の問題はまるで違います。

例えば高級果物をアメリカに輸出できるかもしれませんが、アメリカ国民にとってはそれは贅沢品であり、なくても困らないものです。一方、日本のコメがなくなってアメリカから輸入するとします。アメリカが不作になってもうコメは輸出しないとなったら、日本国民は飢えて死ぬんです。

このように、農業1つ取っても中身はばらばらなんですが、それを矮小化《わいしょう》し、単純化して議論された。安全保障のことを考えたら、穀物自給率がここまで低いのは危険です。30％を切るような国は、先進国では日本とオランダだけ。とうもろこしなんて100％アメリカ依存です。

なぜこれで「国を開いていない」などと言えるのか。そういう疑問が最初に起こらなくてはいけないのですが、誰も言いませんでした。自給率が低いことなんて、小学生ですら知っているのに。「国を開きます」と言いますけど、こんなに自給率が低いのですから、もう十分に開いているじゃないですか。そんなことさえ誰も言わない。

一般の方はともかくとして、知識人は何らかの意図があるか、単にバカなのかどちらかしかないですよ。私はおそらく後者だとにらんでいるわけですが。

【第5章】

売国ドクトリンから日本を救え

◎TPP、増税というショック・ドクトリン

三橋　それにしても、現在のアメリカというか、アメリカの投資家やウォールストリートの連中は、それに日本の官僚の皆さんは、最近、あからさまにショック・ドクトリンをしかけていますよね。

ショック・ドクトリンとは、カナダのジャーナリスト、ナオミ・クラインの造語で、惨事につけこんで、過激な市場原理主義改革を押し付けてくることです。

日本では東日本大震災後に、「閉塞感《へいそくかん》がある」と煽《あお》ってTPP参加を受け入れさせようとしたり、あるいは「財政破綻」と煽って増税を容認させる。国民に不利益をもたらすような改革を実施するために、危機感を煽るというのが彼らの手口の1つです。

震災やデフレなどの混乱に乗じて、民主的なプロセスをすっ飛ばす。民主的プロセスを経ないで、官僚やシカゴ学派の経済学者、あるいは一部のグローバル企業だけが利益を得る政策を実現する。その1つがTPPだというのがよくわかるわけです。正確に言うと、増税は違いますね。手法は似ていますが。

「これからは外需が成長し、内需が成長しない」とか、「これからは税が足りなくなる、

金が足りなくなる」などと言いつつ、なぜ外需企業に税金をかけないのでしょうか。具体的には法人税の増税ですが、外需で利益を上げている大手輸出企業に税金をかければいいのに、縮まる内需に消費税をかけたがる。何を言っているのか理解できない。

規制緩和、民営化、外資導入、社会保障支出の削減、公共事業支出の削減というのをワンパッケージでやってくるわけですよね。価格統制があれば撤廃、あるいは法人税が高ければそれも引き下げる。これらをいかにも「この国のためだよ！」と押し通すのがショック・ドクトリンです。要は、まともに選挙をやれば絶対に負けるから、ドサクサに紛れてやるわけです。それで今回は、TPP問題で経産省がマスコミを煽りまくった。

しかし、閉塞感を打破するといっても、TPP自体が早速、閉塞状態にありますね。典型的な記事が、2011年12月22日の「赤旗」に出ていました。こういうときの赤旗は本当に頼りになる。「4年間はTPPの交渉内容について守秘合意がある」という記事でした。ですから「情報がないのは交渉に参加しないからだ」というのもウソだったということになります。参加したところで、情報など交渉途上には出てこない。何しろ、外交機密なんですから。

TPP発効から4年も過ぎてしまえば、すべては手遅れです。共済が解体された後に気がつくとか、日本の建設会社が外資に全部買われた後にようやく交渉内容がわかる、ということですから。

でも、これがまさにショック・ドクトリンのやり方です。国民に対してオープンにしたら反対されてとても通らないから、秘密裏に進めるという話です。

この赤旗の記事にしても、独自ソースによるものではなく、ニュージーランドのＴＰＰ首席交渉官マーク・シンクレア氏がオープンにした情報をもとにしています。シンクレア氏はＮＧＯなどから「なんで情報公開しないんだ」と言われて明らかにしたそうです。「内容は公開できないが、こういう事情なんです」と。日本はそれすらやらない。この状態でＴＰＰ交渉に参加しなければならないといってゴリ押しする。そして、交渉に参加したらしたで「現時点では……」といって、やはり情報公開できないんです。

本来、日本はショック・ドクトリンの対象にはならないはずですよ。なぜなら、他の国を見渡してみたら、日本が一番健全じゃないですか。何しろ、世界最大の対外純資産国、つまりお金持ち国家で、国内では供給能力が需要を十分に満たし（満たしすぎてデフレですが）、失業率は主要国の中で最低、長期金利はスイスと並んで世界最低、国内では各産業に複数の企業が存在し、熾烈な市場競争を繰り広げている。アメリカや韓国のように寡占化も進んでおらず、消費者は企業競争の成果である「安価で品質がいい製品」を手軽に手に入れることができている。日本の問題など「デフレ」のみですよ。

でもそれが、ショック・ドクトリンをもくろむ人たちに不満なんです。だから、日本は財政破綻するとか、日本はもう成長できないとか、日本はデフレの宿命で永遠に続くとか、日本は世界から取り残されているとか、閉塞感を打ち破るためには世界に向き合えとか、さんざん言い立てて危機感を煽っているわけですね。

じゃあどうしたらいい？　と言われたら、ＴＰＰです、増税ですと言って、ロジックやデータを無視して話を進めてしまう。完全にショック・ドクトリンですね。

◎デフレ時代にインフレ対策をする愚

中野　発展途上国はみんなインフレで苦しむから、ＩＭＦも構造調整計画やマクロ経済モデルなど、財政出動をしたら必ずインフレの結果になるような試算モデルを作っていました。

ところが宍戸駿太郎先生によると、それを２００１年に日本が持ってきてしまった。宍戸先生によると、２００１年以前までは、経済企画庁のもとに経済審議会というのがあって、まっとうなマクロ経済モデルを回していたというんです。宍戸先生は、経済企画庁の経済審議官までお務めになった方ですね。

しかし2001年の竹中大臣のときに、突如モデルが差し代わった。それがIMFのモデルをちょっと改造したものだった。

前述のように、IMFのモデルというのは、インフレで悩む国が財政出動をやるとこんなに金利が上がりますとか、通貨が暴落しますとか、インフレになりますとか、そういう設定のモデルでした。それを日本へ導入してしまった。宍戸先生たちが何度も批判してもちょっとしか変えなかった。

そのモデルだと、どんなに財政出動をやっても必ずGDPは成長せず、それどころかマイナスにすらなります。もともとの条件がインフレ気味の過熱状態に設定されている。

こうして、いくら試算しても財政出動の効果がないことがモデルで示されて、それが一般に流布した。

そしてそれを、皆が信じている。そもそも政治家は経済を知りません。大臣になって「財政出動したらどうかね」と意見したところで、「モデルで見るとこういう結果が出ています。公共投資をしても経済は全然成長しませんよ」と官僚に反論されます。官僚といってもほとんど経済学者みたいな連中ですからね。彼らにそう示されると、大臣は納得するしかありません。

その状態のまま、いままでずっと来ているのです。政策通と言われる政治家に限ってそのモデルのことを信じていて、「財政出動の効果はないのです。試算してみたらこんなに低い効果しか出ませんでした」と言い募っている。

三橋　その公共投資不要論ですが、実際の数字を見れば一発でおかしいことがわかるのです。

バブル崩壊後には、どんな国でも投資が激減します。何しろ、民間は「借金をして投資を増やし」、バブルを膨張させていたわけです。バブル崩壊で投資先の資産価格が暴落しても、借金は消えません。結果、民間はみんなが一斉に借金返済に走り、国内の投資が激減します。国内の投資が激減すると、当然ながらＧＤＰは劇的な縮小局面に入ってしまうのです。

ところが、日本のバブル崩壊は違いました。理由はもちろん、政府が公共投資で国内の投資総額の下支えをしたためです。

日本政府が公共投資をやったからこそ、バブル崩壊後に投資額が減りそうなところが横ばいで済んでいた。橋本政権までのことですね。あのとき公共投資をしていなかったら、今頃日本のＧＤＰは３００兆円まで落ちているでしょう。

しかし、ＧＤＰが横ばいだったことをもって、公共投資効果がなかったとか、公共投資を増やしても成長率が上がらなかったとか言いますが、当たり前です。その分、民間が投資を削っていたんですから、経済成長率が高まるはずがありません。公共投資は日本のGDP縮小を「食い止めた」にもかかわらず、成長しなかった責任を押し付けられています。非常に奇妙なことです。

いまのアイルランドなどは、2007年に比べて投資全体が3分の1になっています。バブル崩壊とは本来、そういうことなんです。

日本ならば公共投資でなんとか下支えできるのですが、アイルランドはそれができない。外国からお金を借りてバブルを作っていたからです。外国からお金を借りていた（しかも、共通通貨です）アイルランドの政府は、国内の投資を下支えすることがまったくできません。

何しろ、アイルランド政府は巨額のユーロを外国から借り、国内の銀行に資金注入するだけで精いっぱいなのです。それだけでも、財政赤字が2010年に対GDP比で30％を超えてしまいました。このうえ、公共投資の拡大など、できるはずがありません。

しかし、日本は違うのです。長期金利は1％を切っており、国内に過剰貯蓄があふれかえり、投資先を求めている。それでも、公共投資をやらない。

中野　それをまた、世論が後押ししてしまう。というのも、経済学者と一般の人たちの感覚に凄くフィットする論理がありましてね。

例えば、建設業が悪いとみんな思っている。建設業は政治と癒着して、あるいは公共事業で商売ができるようになっていて、談合して不当な利益を自分たちの懐に溜め込んでいる、自分たちばかりいい思いをしている、そのお金をもっと困っている人や、これから成長するような産業に投じていたら、もっと全体のパイが大きくなっているはずだという。

つまり、みんなで経済成長しようと考えるのではなく、専門用語では「静学的」というのですが、ダイナミックな成長でなくてスタティック、パイが大きくならない中での、取り分の分け方だけを考えているんです。

ミクロ経済学はそういう考え方が強くて、とりわけ新自由主義者は、「市場に任せれば一番効率のいいところに富が移るはずなのに、そうなっていない。ということは全体が非効率なんだ」と考える。これが一般の人たちの心情にすごくフィットするんです。

時代劇にありますよね。お代官様と越後屋が癒着してお金をかすめているせいで、庶民に取り分が回ってこない。それはけしからんという、ルサンチマンです。そこで、その甘い汁を吸っている連中を、困っている自分たちのレベルに引き下げようとして叩く。建設業を叩き、郵政を叩き、最近は農協を叩き、公務員を叩くわけです。

これはいわゆるポピュリズムです。ファシストの典型的なやり方で、日本だと小泉純一郎、もっと大規模にやったのはヒトラー、現在進行形が橋下徹大阪市長です。要するに、誰かわかりやすい敵をターゲットにして、叩きまくる。強く叩くほどに、人々は溜飲《りゅういん》を下げられる。それから、敵を叩いている指導者の姿を見て、そこに不屈の精神を読み取る。このリーダーについていけば、この苦しい状況を突破できるんじゃないかと期待する。やがて時代の閉塞感の元凶は、その叩かれている既得権益者なんだと思い込む。TPPの場合は農協だし、大阪の場合は大阪市役所ですね。

しかしどうでしょう。僕だって、農協や大阪市役所に問題がないとは思いません。でも、彼らが持っている既得権益など、マクロ全体から見ればたかが知れているじゃないですか。問題はあるにしても優先順位は低い。

もっとまずいのは、彼らをそういうふうに叩いて既得権益を破壊したと言いながら、破壊した後、誰かがそのポジションを奪い取ることですよ。そこでショック・ドクトリンが利用される。ショック・ドクトリンの後に寡占化が進み、大企業が儲かる。発展途上国が典型で、韓国、スリランカ、イラクもそうですが、ショック・ドクトリンの後でみんな外資に取られてしまった。

それなのに、そういった外資については、既得権益だとして批判されないのです。なぜかというと、市場原理に任せて自由で効率的な資源配分をした結果なんだから、彼らが一番効率的なんだろうということで納得してしまうんですね。

そういう意味で、ショック・ドクトリンはいかがわしいと思う。インフレ対策としては既得権益を叩くのもわからないでもないところがありますが、いまはデフレですからね。

◎デフレでは既得権益叩きをしてはいけない

中野　既得権益叩きがインフレ対策になるとはどういうことかと言うと、そもそもインフレーションの原因の1つは、例えば労働者であれば「賃金をもっと高くしろ」と圧力をかけることですし、農協だったら「農産物の買い取り価格をもっと高くしろ」と要求することです。要求することそれ自体が間違いではありません。なぜ間違いではないかというと、市場原理に任せて労働者や農産品を取引したら酷いことになるからです。

いま、派遣労働が問題になっていますが、19世紀には幼児労働がありましたし、時間制限もなく働かせていたし、パワーハラスメントみたいなことも日常茶飯事でした。労働力を価格で値付けして市場で取引したら、人間的な生活はできなくなります。だから市場で資源配分できないようにするために、組織が代わりに賃金を決めるとか、労使交渉で賃金を決めるとか、労働者を保護する規制を入れるとか、そういうやり方が必要になってくるのです。

農水産品もそうですね。効率だけを見たら漁業なんて乱獲になりますよ。農地だって荒れ果てるでしょう。あるいは農薬、遺伝子組み換え、いろいろな問題があります。それらを制限しないといけない。農業というものは、地域経済や、地域の自然環境とも密接に関わっています。水の保全とかね。

市場に任せられない場合は、政治とか組織で資源を配分せざるを得ない。そこで、市場VS政治、市場VS組合の構図にならざるを得ないんです。

ところが、そこに歪みが生じるわけです。不完全な人間が行う不完全な政治ですから、どうしても既得権益が発生する。労働組合が強すぎると、労使交渉で賃金が適正よりも高めになっていくこともある。組合とか民主的な組織での資源配分が、弱者保護を口実に、要求がどんどん高まると賃金も上がる、食料品の価格も上がる。政治が必要以上に公共事業やバラマキをやる。それで、物価がどんどん上がっていく。

そうすると、インフレーションが発生し、国民皆が困りますよね。マイルドなインフレは問題ありませんが、過度のインフレは問題だ、ということになります。

そこで、人々が既得権益で政治的に要求していくことを抑える必要が出てくる。だから、既得権益者が美味しい思いをするのを叩くのは、インフレ退治という意味があるんです。

しかし皮肉なことに、デフレのときにそれをやるのはマズイ。もともと既得権益叩きというのはインフレを抑えるためにデフレを人為的に起こす政策ですから、既得権益叩きをデフレ下でやるとデフレが悪化します。つまり「あいつらは賃金を高く要求していてけしからん、引き下げろ」とみんながやると、みんなの給料が下がってしまうのです。

三橋　それは当然です。公務員の給料１つとっても、政府最終消費支出はＧＤＰの需要項目の一部ですから。それを１割削ったら、その分だけＧＤＰが減り、国民経済が収縮して、公務員のみならず国民すべてが困ることになります。

ところが、皆そういうことがわからない。いまの中野さんの話を聞いて、「すごいことが起きているんだな」と思われた方がいるかもしれませんが、実は全然そんなことないんです。戦前にもまったく同じことが起きているんですね。

それは１９２０年代のアメリカの好景気です。狂騒の20年代と言われた好景気の直後、しかもいまみたいに社会保障もない状況下で、１９２９年に大恐慌が発生しました。日本はというと１９２０年の大正バブル崩壊で恐慌が始まり、物価の下落率は30年にマイナス10％超を記録したのですが、アメリカも似たような状況に陥りました。

そこから、自由主義的な経済に対する反省をし、高橋是清やジョン・メイナード・ケインズ、あるいはルーズベルトが、政府の力を大きくする政策を唱え、あるいは実行に移し、何とか恐慌から脱しました。

結果的に、アメリカ政府の負債残高は、GDP比で30％から100％にまで積み上がりました。しかし戦争が終わる頃には、アメリカの失業率は2％にまで回復していたのです。しかも、当たり前ですがアメリカの国債は、現在同様にドル建てでした。「負債が膨らんで何の問題があるの？」という話です。

実際、アメリカはルーズベルト政権以降の20年間が絶頂期でしょうね。何度か触れているフォーディズムによって、国民の所得が上がっていきました。労働者の賃金を上げれば彼らの購買力が増し、市場が拡大して、企業も儲かるという思想ですね。絶頂期の終わりは、それをやりすぎたことによって訪れました。人件費の上昇に耐えられなくなり、企業は投資を切り捨てはじめました。

投資を切り捨てはじめると、企業は成長できなくなります。企業の成長が止まり、失業者が増えていくのに、労働組合の力が強すぎて賃金は下げられない。結果として不況とインフレが同時進行するスタグフレーションがアメリカで発生しました。結果、一度は息をひそめていた市場原理主義が復活し、ケインズ主義を批判し、「新自由主義」と呼ばれるようになっていったわけです。

◎TPPが国民に説明されない理由

三橋　現在の日本でこれほどショック・ドクトリンが横行するのは、言論の自由の行使の仕方を知らないということもありますよね。官僚が外圧を使いたがるのは、特にいま、ねじれ国会だからですよ。官僚側は「民主主義に任せても、何も決まらないよな」と思っているんです。

ＴＰＰ以上に、増税なんて民主主義に訴えたら反対されるに決まっています。では、どうやって進めるかといったら、財務省としては民主的なプロセスを無視するしかない。それで外圧を使い、秘密主義で国民に見えないところで議論を進め、国民が気づいたときには増税されていた、というふうにするしかない。

でも、この情報化社会において、最後まで情報を国民に隠し通すなんて無理なんじゃないかと思いませんか？

中野　その通りです。そもそも民主主義にも、ヒトラーを生み出したことに代表されるように間違いはたくさんあります。だから僕は民主主義を絶対視していない。

そこで大事なのは言論の自由です。民主主義を健全に保とうとしたら、最後は人間のそれぞれの良心に訴えるかたちで「俺はこう思う」「俺の話を聞いてくれ」と発言していくしかない。少数派の意見を大事にしながらね。だからこそ憲法は、少数派の意見が弾圧されないよう言論の自由をめちゃくちゃ上位の価値として置いているわけです。

ところが今回のＴＰＰは、民主主義を損なったし、言論の自由も損なってしまいました。国会の議論を無視して交渉参加の表明が行われた。国会というのは民主主義の場ですけど、自由な言論の場でもあります。それを今回完全に否定したわけですよ。それも、先ほど言ったように、憲法上の穴を突くという、かなり法匪《ほうひ》的なやり方でした。

ＴＰＰの交渉に一回参加してしまうと、それこそ外圧でなかなか抜けられません。特に日本みたいな国は抜けられないんです。もちろん形式的には簡単に抜けられます。その後、各国からやいのやいの言われても「うるさい！」と撥《は》ね付けるぐらいの度胸があればいいんです。でも、それだけの度胸が日本人にあれば、ＴＰＰの交渉参加くらいでこんなにがたがた騒いでいない。だからもう、抜け出すのは難しい。

それなのに、ＴＰＰ交渉参加表明までまともな議論がなされなかった。今回、１１５０の地方議会がＴＰＰに対して反対ないし慎重の決議をしています。ＪＡ全中が行ったＴＰ

Ｐ反対の請願には、国会議員の過半数である３６５人が名を連ねました。それなのに、この１年間、ＩＳＤ条項のことすらほとんど国会で議論されていない。議論されたのは、ＴＰＰの交渉参加表明の直前になってからです。

その間ずっと、24分野あるうちの１分野、農業の問題だけが議論されていました。関税の問題はその１分野だけで、残りの分野は非関税障壁の問題であったにもかかわらず、この１年の猶予の間農業関税以外の問題についての議論をほとんどしていません。直前になって議論されたのも、国会議員や言論人の中でも一部の危機感を持った人たちが騒いだからです。

三橋　具体的には、前述したように、国会で佐藤ゆかり氏が質問したからですよね。野田総理に「ＩＳＤ条項についてどう思っているんですか？」と聞いたら、野田総理は「寡聞にして知らず」と答えた。あのとき、もし佐藤参議院議員の質問がなかったら、ＩＳＤ条項に触れないままだった可能性もあります。

中野　ありますね。国会でも議論されていない、地方も反対している、国民への説明責任も果たされていない。そんな状況下で野田首相は交渉参加を表明した。

これは民主主義を踏みにじる行為です。しかし、じゃあ違法なのかと言うと違法ではない、ということはすでに述べました。憲法上、条約の政府案ができ上がり、各国政府で合意した段階で、もし問題があるというなら、国会で批准する手続きの際に否決してくれればよろしいということになっている。

ただし、条約の承認を否決するといっても、国際条約の場合、憲法上は予算と同じで、衆議院と参議院で議決が分かれた場合、衆議院が優越する。これではどんなに参議院で西田昌司先生が頑張っても阻止できないという状況です。

三橋　日本がTPPに参加するとなって、簡保や共済の解体が行われるとしましょう。でもそれを国内で行うには、法律を変えないとできない。そこで法律を変えようとしたところ、参議院で否決されて、衆院でも3分の2の賛成が取れなかった場合は、どうなるんですか？

中野　その場合はTPP条約違反ということで、TPPの条文に定められた違反のペナルティを科せられます。「条約上のペナルティなんて知らない、平気だよ」と言って突っぱねる手もあります。しかし日本はおそらく突っぱねることはできないでしょう。

これは、根性の問題です。アメリカはその根性があるから、ＷＴＯで違反しまくっている。だから米韓ＦＴＡ違反にしても、ＴＰＰ違反にしても、アメリカはやる用意があります。しかし日本にはそんな根性はないだろうと皆が思っています。それに、確かに根性の問題もあるけれど、何度も根性出しているとさすがに日本と条約を結びたいという国がなくなってしまうから、基本的にはやらないほうがいい。

だから憲法がもう古いのです。国内制度をいじるような国際交渉を前提としていなかったし、なおかつ、外交交渉をやっているエリートの「国益を守る」という意識にかなり期待をしていたものだったんじゃないでしょうかね。楽観的な期待をしていたときに作られた憲法だといえますね。グローバル化してエリートたちが頭を新自由主義に乗っ取られるような状況を想定していない条文です。

◎アメリカ国民にもプラスにならないＴＰＰ

中野　しかし今、アメリカがＴＰＰを推進する意味はそもそもあるのか、という問題も実はあるのです。

結論から言えば、ＴＰＰはアメリカ国民の利益にもならないことが明らかになっています。アメリカを乗っ取っている一部の金融資本家、一部の利益集団が儲かる可能性がある。それだけです。

オバマ大統領は、輸出倍増戦略で雇用を増やすと言っていますが、アメリカには製造業がもうほとんどないので、輸出を倍増したところで、アメリカの雇用はたいして増えないでしょうね。失業率というアメリカが抱える一番の問題は解決されない。

三橋　一部の農産物の輸出は増えるでしょうけど、アメリカの農業は非常に生産性が高いので、どれだけ輸出したところで、ほとんど雇用を生みません。後は、サービスに保険会社ですが、保険・サービスを輸出しても、雇用は相手国の現地でするじゃないですか。アメリカから日本にやって来て、外資系保険会社のマネジャーになるような人たちの雇用は生まれるでしょうが、そんな人たちがどれだけいるんだという感じですね。保険や医療といったアメリカのサービス業は、アメリカ人のごく一部、エスタブリッシュメントだけの職業ですし。

しかも、日本がTPPに参加することでデフレが深刻化すれば、日本が内需でアメリカの輸出を引っ張ることすらできなくなります。

思うに、おそらくアメリカはいま、完全に大統領選挙前のモードで、みんな利益集団から票が欲しいので、そんな中長期的なことは考えていられないのです。だとするとアメリカも、マルクス主義的な言い方になりますが、グローバル資本主義、金融資本主義に乗っ取られて、国民が不幸になっていると言えるでしょうね。国民の利益と資本主義の利益が分離しています。

米韓ＦＴＡは韓国の国民にとって不利だという話をすると、すぐこういう反応がある。「韓国の政府がやりたくて合意をしているんだから、韓国がぼろ負けしているわけがないじゃないか」

全然違います。韓国もアジア通貨危機の際に、新自由主義的な構造改革をＩＭＦによって強制されて、国内の金融部門や大手輸出企業が「外資化」した結果、韓国政府は韓国国民のためじゃなく、サムスンなどの大企業と、その後ろにいるアメリカの投資家のために働くようになってしまった。どの国も同じなんですよね。

中野　アメリカもそうなっている。日本もそうなっている。グローバル企業の連中がいくら儲かったところで、どの国の国民も幸せにならない。それだけ資本主義の側についた政府、国民の利益が乖離している。これがグローバル化なのです。

そのことを考えないで、「政府が国民のために働いてくれている」時代のままの頭でいる。つまりTPP賛成派の連中は、グローバル化する以前の頭なのです。

もう1つ、ちょっと話がずれますが、われわれに対する批判でよくあるもので、陰謀論というのがあります。アメリカのように一部の利益集団とくっついた国家が自分たちの利益のために動いている。そんなことは世界中を見ても当たり前のことで、国際政治経済というのは、もともとそういうものです。

ところが、僕たちの言っていることを指して「荒唐無稽な陰謀論だ」と言う人がいる。バカを言ってはいけない。陰謀というのは人に隠れてするものです。しかし私の『TPP亡国論』にしても、全部公開情報を資料にしています。アメリカが輸出を倍増して自国の雇用を増やす、TPPはその輸出倍増戦略の一環であるということは、オバマ大統領が一般教書演説で言っていますし、APECで日本に来たときにも言っています。陰謀論でも何でもない。

なぜ彼らが「市場を自由化するとやられる」という話を陰謀論にしたがるかというと、経済学者に多いのですが、市場を自由化すると皆ハッピーになると思い込んでいるのです。もしくは親米派で「アメリカは日本を大切な同盟国だと思っているから、日本のためになることをやる」「中国から日本を守ってくれる強くて優しいパパ」と信じ込んでいる。そういう前提でも置いていない限り、われわれの言っていることを陰謀論だとは思わないでしょうね。

◎タチの悪い民主主義VS健全な民主主義の戦い

三橋　アメリカがやろうとしているのは、単なるビジネスとも言えます。自分から情報をすべてオープンにしているわけですから、確かに陰謀でも何でもありません。アメリカ企業が利益を求めるのは当たり前のことです。ロビイストを動かし、アメリカの政治に影響力を行使して、日本に社会制度を変えさせようとしている。これも実は、アメリカの民主主義のプロセスに則っています。

ただ、それが怖い。私は、この現在の状況は民主主義の危機だと思っています。日本の場合はまだ健全な民主主義がかなり機能しているから、これだけ揉《も》めているのでしょうけれど。アメリカは民主主義に則って、民主主義が壊されようとしているんです。

中野　つまりＴＰＰ問題とは、「タチの悪い民主主義」対「健全な民主主義」の戦いだし、「タチの悪い資本主義」対「健全な資本主義」の戦いでもある、ということですね。

似たようなことは、昔にもありました。アメリカ大恐慌時、フーヴァー大統領は、金本位制という自分の理念を守るために、国民がどんなに酷い目に遭っても緊縮財政を続け、ドルの価値を維持しよう、通貨の信認を維持しようとして国民を犠牲にした。いまはまさにその状態ですね。

だからいまは、そのフーヴァーの後に大統領になったルーズベルトのような、厳密に言えばルーズベルトの周りに集まっていたような人たちが必要なのです。ルーズベルトははじめは均衡財政論者でした。大統領選のときはこれまでのやり方を変えるんだと言っていましたが、頭の中は均衡財政論者。そういう意味では小泉純一郎と一緒でした。

ところがその間、異端と呼ばれる人たち、あるいは銀行家で経済理論よりも現実の世界を見ていたような学者たちが、ルーズベルトのスタッフとして集まったのです。この人たちが侃々諤々《かんかんがくがく》の議論をして、あのニューディール政策を実施して、大恐慌からの脱出に成功しました。

これらを前例として見ているのだから、私たちだってどうすればデフレから脱却できるのか知っているはずなんですよね。その意味では、大恐慌時代よりもずっと楽。しかし、ここまで議論がしんどくなるとは……。

◎TPPでアメリカは何を取りに来るのか

三橋　最近の民主党は、麻生政権のときにきちんと予算が作られていたにもかかわらず、補正予算を凍結しまくって潰した公共事業を次々に復活させています。整備新幹線に、外環自動車道、八ッ場《やんば》ダム、スーパー堤防。公共投資が増えるという意味では正しい方向だと思うのですが、これは何か裏があるのかもしれない。

中野　公開情報を見ているだけなので推測の域を出ませんが、USTR（米通商代表部）の外国貿易障壁報告書の日本に対する要求のところを見ると、もちろん公共事業に参入させろと言っているのですが、その中で彼らが興味を抱くプロジェクトが具体的に書いてありますね。その1つに外環自動車道が入っています。

三橋　ベクテル（世界最大級の建設会社）が、日本の外環自動車道という市場を取りたいという話ですよね。

これが極めておかしいのは、現在でも日本はWTO基準で公共事業を外資に開放していますよね。外環だってあれだけの金額だったら、普通にベクテルも入札に参入できるじゃないですか。現行のＷＴＯ基準では、地方自治体の公共事業に海外企業が参入できる基準額が23億円となっています。これがＴＰＰに参加すると、６億円に引き下げられる可能性があります。６億円の公共事業をする際に、地方自治体の職員さんが英語で仕様書を作らなければならなくなるわけです。

結局、ベクテルなどが「現状のＷＴＯ基準では不十分だ。日本はわが社を内国民待遇しろ」ということなんですかね。

中野　もっと公共事業をとりたいということではないでしょうか。韓国はＷＴＯの政府調達（公共事業）の基準額を、米韓ＦＴＡでより引き下げていますよね。ＴＰＰもそうなる可能性はあります。

もう１つ、すでに日本市場に入れるのに入れないのは非関税障壁のせいだということになるのです。何が言いたいかというと、例えばＴＰＰの事前交渉でアメリカが要求してきたものの１つに自動車がありますが、アメリカの車が日本市場に入れないのは不公正な取引慣行があるからだろう、という理屈です。しかし、そんなこと言うなら、ドイツはどうなんだ。ドイツ車なんて、日本でバリバリに売れているじゃないか、と言いたくなる。

ところがアメリカが自動車を要求してくるのはまったく驚くべきことではなくて、ＵＳＴＲの報告書には日本の参入障壁が問題だと書いてあるんですね。それにしたがって自動車の要求をしているだけ。

もちろんアメリカの自動車業界はＴＰＰに反対しています。たかだか２・５％の関税ですが、反対するふりを見せて、最終的には関税を撤廃する代わりに日本の制度を変えさせて日本の自動車市場に参入させろということになるのでしょう。

三橋　例えば、米韓ＦＴＡでは、韓国はアメリカの自動車を入れるために排ガス規制の基準をアメリカに揃えましたね。

しかし、アメリカの自動車企業にとっての日本の非関税障壁とは何でしょうか。何しろ、日本は自動車に関税をかけていません。自動車に関するアメリカ企業にとっての参入障壁とは、結局は日本が左通行であるとか、そういうくだらない話になる。

現実には、障壁など何もありません。あるとしたら、燃費規制、エコカー支援策。そのことはフォードも文句を言っていたからわかりますが。ということは「環境に悪い車を買え」ということなのでしょうか。しかし、ドイツ車などは「参入障壁」があるはずの日本で売れまくっています。

関税をマイナス関税にするというのは、どうなのでしょうか。日本にアメリカ製自動車を輸出してくれたら、日本側がお金をあげます、というアメリカへの輸出補助です（笑）。そういうくだらない話になってしまうのですが。

現実には、アメリカ側が言っている非関税障壁とは、要は日本の伝統とか文化や歴史、法律や仕組み、つまり社会制度のことです。TPPは、それを統一しようという話なので、何というか「大きなお世話」としか言いようがありません。

◎アメリカが日本の非関税障壁を狙ってきたわけ

中野　アメリカが日本の非関税障壁を狙う動きは、TPP以前からありました。1980年代後半の日米構造協議は、構造を揃えてアメリカが入りやすくしようというものですし、2010年のAPECでのオバマ・菅首脳会談で合意されている日米経済調和対話もあります。調和というのはハーモナイゼーション。ハーモナイゼーションとは制度を揃えることです。

だいたい、日本人は貿易交渉というと関税の問題だと思いこんでいて、TPPだって1年以上も関税の議論しかしませんでしたが、アメリカを含む世界では関税の議論はすでにマイナーなものになっています。

戦後、いわゆるＧＡＴＴ（関税および貿易に関する一般協定）の体制の中で、関税を皆で引き下げてきました。１９６７年にケネディ・ラウンドがあり、これで農業以外は関税が相当引き下げられたのですが、そうなるともう下げるものがなくなって、そこから非関税障壁が議論になり始めた。東京ラウンドが１９７０年代に始まりますが、そこではじめて非関税障壁が議論されたのです。

ところが、もう1つトリックがあります。あの頃、アメリカは関税を取っ払って自由貿易で各国とガチンコ勝負したら、自分が勝ちまくる予定だったのです。しかし70年代からドイツや日本が伸びてきて、アメリカは競争力を失いました。そうなると、いざ関税を撤廃して自由競争したら自分たちが負けてしまうことになる。

そこで、さっきも話が出たように相手国のルールをいじくるようになったわけです。ルールをいじくれるかどうかは、政治力で決まります。市場で日本企業とアメリカ企業が戦うと日本企業が勝ってしまいますが、政府同士のガチンコ勝負になると、戦略のない日本は負け、アメリカが勝つ。このように、もう関税の問題ではないのですね。

ですから、日本は、この期に及んでどうして関税の議論ばかりし続けたのか、まったく理解できない。

また、われわれがデフレ脱却のために必要だと主張している公共事業が復活したからといって、この文脈の中では、経済政策がまともになったと言い切っていいのかわかりません。実際には、アメリカが公共事業への参入を要求してきているわけですから。

三橋　注意しなければならないのは、現状のアメリカの要求は「ＴＰＰに日本が入ったら、外環の事業を自由化しろ」という話ではないということです。そうではなく、ＴＰＰの交渉に参加させてやるから外環をよこせという話。コメも車もそうです。交渉に参加するための協議をする時点で、日本はもう負けている。交渉に参加するための協議の時点で、日本はさまざまな国益を譲らなければならない。それがコメであり、自動車であり、簡保であり、外環である、という話なのです。

それは、日本の知識人と言われるバカな連中もわかっています。

先ほど中野さんが述べていましたが、貿易と聞くと、日本人はモノの輸出入だと考えてしまいがちです。マスコミでは関税の議論ばかりしていますが、現実には日本の関税はすでに低く、農産物は例外にしても、自動車はゼロ、テレビだってゼロです。関税だけ見れば、アメリカのほうが国を閉じている。

だからこそ、ＴＰＰ賛成派はコメをクローズアップしたのです。国民は自由貿易交渉と聞くと、モノの輸出入しか思い当たらないだろうと。そのためにずっと、TPPはコメの関税の問題として議論されてきた。これは大変な問題の矮小化です。史上最高クラスの矮小化。

問題が100あるうちの、たった0・1についてずっと議論していたのが、この1年なのです。

中野　それ以外の医療とか医薬品とか共済とか、ましてやISD条項を議論すると、国民は不安がってTPP反対に回るだろうということですね。

それでも、アメリカはオープンだからUSTRの報告書には日本に何をしてほしいのかが毎年書いてある。それは公表されているものですから、調べようと思えば調べられるのです。

◎一般国民のレベルを上げるしかない

三橋　これからの日本をどうするかという話にも関わりますが、私は別に、日本がアメリカ並みの、あるいは中国ばりの政治力を持てという気は全然ないのです。

そうなるためには日本を階級社会にして、一部のエリートを強烈に教育しなくてはならない。それはそれでいやだなあ、と。階級社会は日本にはそぐわないですし、格差社会も好ましいことではありません。

ではは日本の外交力、政治力を高めて、いまの問題を回避するにはどうすればいいのか。私が「これしかない」と思っていることがあります。

第1章で、日本は、国民の平均レベルが高く、自称知的エリートがバカだという話をしました。ならば、その国民の平均レベルをさらにさらに上げていく。私たちの話していることは、日本の政治家の多くはあまり理解できていない。政治家のレベルを超えています。しかし、一般国民からは、これほど多くの反響がある。ですから、一般の日本国民のレベルをもっと高めれば何とかなる。そう思って、ネットを中心に活動しているのです。

国民がもっとレベルアップして、そのうえで民意によってトリクルダウン理論や新自由主義を選ぶのであれば、それはそれで構わないのです。しかし、日本国民はそもそもその意味を知らされていないわけですよね。

その代わりに押し付けられたのは、誰かを悪者にする魔女狩り論と「コンクリートから人へ」「平成の開国」などの耳に心地よいスローガン、フレーズだけ。これで国民は騙されてしまいました。

それに引っ張られないで済むまでレベルアップしたうえで、国民が「新自由主義でいい」と言うのであれば、私は反対しません。

中野　国民の反対運動が強く起これば、政府は動揺します。

もちろんそれは日本に限ったことではない。例えば米豪ＦＴＡでＩＳＤ条項が阻止されたのは、国内で反対運動が起きたことからオーストラリア上院が「ノー」と言ったからです。米韓ＦＴＡは調印に至ってしまいましたが、反対デモや議会での大騒ぎが起こりました。

いずれにしても、国民が声を上げれば、きっと国会に届きます。政府がダメだとすると、国会議員が独自外交を行い、それを国民が支えるという形がもっとあってもいいのかもしれません。民主主義は強くなりすぎてもいけませんが、ＴＰＰに関しては前述したように「内閣の専権事項」であり、民主主義が弱い状況なので、カウンターでやるしかないんじゃないかなと思いますね。

◎「アメリカを真似ろ」から「日本が正しい」へ

三橋　これはデメリットでもあり、メリットでもあるのですが、日本というのはもともと「アメリカを見習え」という傾向が強くありました。

ところが70年代後半から80年代にかけて、アメリカ経済の調子が悪くなったとき、日本経済が好調だったせいで「俺たちはもうトップランナーなんだ」という気分になれました。それだけに、バブルが崩壊したショックが大きかった。そのバブル崩壊が、日本にとってのショック・ドクトリンになったのです。

バブル崩壊後、「日本はこのままではいけない」という機運の中で、新自由主義的なものが入ってきたわけです。

ところで、新自由主義が日本で目立つようになったのは、1996年の橋本政権からでしょうか、それともそれ以前でしょうか？

中野　1993年くらいから、その傾向はありましたね。

もう亡くなりましたが宮崎義一氏という有名な経済学者が、1991年に『複合不況』

という本を中公新書から出しまして、ベストセラーになりました。彼の診断というのはまことに正しかった。

宮崎先生の診断とは何かというと、「これは実体経済の不況ではない。金融のバブルが崩壊して、その影響が実体経済に波及したものであるから、まず肥大化した金融をどうにかしないといけない」というものです。彼は財政出動、金融緩和だけでなく、預金保護などクレジット・クランチ対策をすべきだと主張しました。

そんな本がベストセラーになったということは、国民の認識も正しかったわけです。バブル崩壊後の不況は、確かに金融部門の問題だった。実体経済を改革すべきときではなかった。ところが、経済学者や経済評論家たちが、「そうではない、実体経済がおかしいのだ。日本の経済構造が古いのだ」と言い始めた。当時の通産省の若手官僚たちもそうでした。若かりし頃の古賀茂明氏も、そうだったのでしょう。

以来、構造改革によって、実体経済の破壊に走りだしたんです。しかもそれはアメリカのインフレ対策、つまりデフレを人為的に起こすアメリカの新自由主義を見習ってやったことです。今に至るまで、それをずっと繰り返しているわけです。

アメリカの調子が良くて日本の調子が悪いというのなら、アメリカを見習うことは心情的にわからないでもありません。ですが、いまは状況が違います。皆がうらやましがったアメリカモデルがものの見事に破綻して行きづまっているというのが、２００８年以降の世界なのです。

そうすると、変な意味で、日本はもう1回トップランナーに立ったわけです。つまり、アメリカモデルを目指した構造改革論者たちが破壊しようとしてきた日本型の資本主義が、これから世界が目指すべきモデルなんじゃないか。日本型の資本主義とは、株主ではなく従業員を大事にし、短期的な投機ではなく長期的な投資を重視し、金融ではなく産業を大切にする経済システムです。

「日本の常識は世界の非常識」などと言って、日本型経営や経済は非効率なものとされてきましたが、結局、世界の常識であったグローバリズムのほうが、世界を不幸にすることが証明されてしまった。

いま、世界はモデルを失っています。しかもこれは、人類史上初ともいえる大きな変化なのです。そんな中、恵まれた条件にあった日本が期せずしてトップランナーに立った。これはもう、日本のやり方でやらなければならないということです。アメリカなど見習う必要はない。日本はいま、チャンスなんです。

私がどうしてTPPに頭にくるのかというと、そのせっかくのチャンスのときに、過去に失敗したアメリカのモデルを見習って、TPPだと言い出し、日本型の資本主義を徹底的に破壊しようとしているからです。

もう、世界中でグローバル資本主義の末期症状が表れているではないですか。ユーロという経済統合の最先端が崩壊し、アメリカはリーマン・ショックで疲弊し、「ウォール街を占拠せよ」という運動が起きた。その運動を見て、日本人は「これは草の根の運動だ」などと言っている。そんな生易しい話ではない。世界的な大きな変化が起きているのです。

もっといえば、２００８年にオバマ大統領が登場したとき、ＮＡＦＴＡには反対していました。彼はリーマン・ショックの少し前くらいから、アメリカのグローバル化という問題について懸念していた。民主党系はそうなんです、労働組合の力が強いですからね。そのオバマブームを、日本人はうらやましがっていたわけですよ。

つまり、リーマン・ショック、当時のオバマブーム、現在のユーロ危機、オキュパイ・ウォールストリート運動――これらはアメリカ型のいわゆる金融資本主義的なやり方が行き詰まった、その象徴的な出来事なのです。だからもう、それとは違うやり方をしなければいけない。その違うやり方として、アメリカのリベラル派が思い描いているのは、おそらく日本的な、金融より産業が優位し、株主よりも従業員を大事にし、格差の小さい経済システムです。

だからオバマ政権は、国民皆保険制度を導入しようとした。あるいはＧＭなど製造業救済のための公的資金注入もした。けれども全然間に合わない。

その点、日本では皆保険制度はもうでき上がっていますし、バブル崩壊での銀行の不良債権処理も終わっている。銀行はヤバイ金融商品に手を染めていない。国債は自国通貨建てで国内で安定的に消化されている。内需はでかい。製造業は力がある。失業率は欧米に比べれば低い。恵まれているのです。

しかし、それをまた橋下徹氏や古賀茂明氏らの構造改革派が壊しにかかっています。こうした構造改革派に対して「お前たちが言い出した構造改革のせいで、デフレから脱却できなくなっているんだ。お前らがうらやましがってきたアメリカモデルも、世界中で破綻しているじゃないか！」と言ってやりたい。

これだけの事態が起きているにもかかわらず、なぜＴＰＰなどと言い出すのか。本当にナンセンスです。

◎「自己責任論」で安全地帯から批判する卑怯さ

中野　彼らの信奉する新自由主義とは、こういうことなんです。

インフレの話をしましたが、本来は、市場だけに資源配分を任せておくといけないので、政治で資源配分することで平等な社会をつくっていきます。ところが、政府なり政治というのは完璧なものではありませんから、時に歪みが生じたり、判断を誤ることもあります。そんなとき、新自由主義者の批判の仕方はいつも同じです。「政府は失敗するものだ」「政府は万能じゃない」と言い出す。

そして最後には「市場に任せたほうが、正しい判断をする」といって、国の介入を否定するのです。しかし、市場こそ失敗するものであることは、現在の世界経済が証明しています。

新自由主義者は結局、市場を信じているというよりは、政治不信なのです。

構造改革派の政治家にしてもそうです。政治判断をして、失敗して責任を取るのが怖い。だからすべてを市場に任せて責任を逃れる。

戦後の新自由主義の政権というと、サッチャー、レーガン、小泉純一郎などです。どれも悪者を仕立てて叩く手法を使うので敵が多いように見えるのですが、その実、いずれも長期政権です。なぜかというと政治が一切責任を負わないからです。政策の結果がどうあれ、「政治に責任を負わせること、政府に期待すること自体が間違いだ。大事なのは自己責任だ」となるのです。自己責任なのだから、自分たちは悪くないし、責任を問われる筋合いではない、となる。新自由主義の自己責任論を受け入れてしまえば、政治の責任は問えない。だから、新自由主義を掲げた政権は長続きするのです。

逆に責任を負わされるのは国民1人1人です。個人や企業に責任を押し付けて、どんな結果になろうと「それは市場が決めたことだから従いなさい」「競争に敗れ去ったのはあなたの責任です」となる。

こうして新自由主義派や構造改革派は、自分は責任を問われないくせに、「頑張れ」「自助努力でやれ」とか、きわめて上から目線で、安全な地位から世の中を見下しています。日本経済がダメなのは、「自己責任で自立した個人が確立していない」「日本人は遅れているんだ」というように、偉そうに評論します。

構造改革論者というのは、日本人をバカにしているのです。官僚もそういう安全な地位にいて、責任を取らずに自由化だけしていれば楽です。だから官僚は構造改革が好きなのです。失業して路頭に迷う人が出てきても「それは自立してないからだよ。もっと政府に頼らずに自立した近代的な個人にならなきゃダメだ」と、自分で責任を負わずに上から目線で言うわけです。

三橋　そこは、共産主義の前衛主義とは違いますね。あちらは「権力のトップが何でも決める」というものですから。

「政府は失敗するかもしれないから、市場や民間に任せろ」というのが新自由主義派や構造改革派の言い分だということですが、これは大本の議論がおかしい。確かに政府が失敗することはあります。しかし民間だって失敗するでしょう。民間が失敗しないのなら、投資家は100％儲かりますよ。そんなことは資本主義の世界ではあり得ません。ところが、政府は失敗してはいけないのに、民間の失敗は見逃される。

ついでに言っておくと、日本の場合は特にそうですが、政府の負債が増えると、その分、民間の負債が減っていきます。これは不況時に民間は負債を減らそうとし、政府は国債を発行して景気を刺激しようとするからです。いま、この政府の負債が問題視され、「国家破産する」などと非難されているわけです。

逆に好況になると、政府の負債が減り始める一方で、民間は設備投資を拡大しますから、民間の負債残高が増えていく。ところが、そうなっても誰も民間の負債を問題視しない。要は、全体を真面目に見てないことがよくわかる。政府を叩きたいという大前提があるから、政府の負債以外にはまったく着目しない。

だいたい、バブルを起こした原因は、日銀の金融緩和もありますが、借金してガバガバ投資したのは民間じゃないですか。

新自由主義者的な、俗っぽい「みんなの党」みたいな人たちは、「民間がバブル崩壊して負債を負ったら倒産するのに、政府は倒産しない、責任を負わない、ずるい、特権がある」などと言い出します。

しかし企業と政府では、役割が違うのです。企業はプロフィット・オーガニゼーションであり、政府はNPOなのですから、それが一括りに語られるのはおかしい。

いまゼロ金利でしょう。ということは、企業は絶対にお金を借りて投資しなくちゃいけないはずなんですが、やろうとしません。これは民間に問題があるというべきでしょう。ゼロ金利で投資しないような経営者なんて、申し訳ないけどクビです。ところが、皆やらない。もちろんそれはデフレだからですが。デフレでは実質金利が高まり、売上や利益を増やせないので、企業経営者は名目の金利がゼロでも、金を借りて投資をしたりはしない。理由は、儲からないからです。

私が言いたいのは、民間も政府と同じく完璧ではないということです。民間が投資すべきであるにもかかわらず、投資をしないからデフレが悪化するのに、なぜか政府ばかりが叩かれるのは不公平です。あるいは、家計にしても消費を減らし、貯蓄ばかりを増やしてデフレ深刻化を後押ししています。企業も政府も家計も、誰もが完全な存在ではないという話です。

もちろん、デフレだからといって政府が全部やろうとすると、それではマルクス主義になってしまいますし、要は、政府と民間のバランスがおかしくなっているのです。長期的に見れば、戦後、ミルトン・フリードマンが出てきた１９７０年代頃から政府と民間のバランスが失われはじめました。そして東西冷戦が終わったことで、そのバランスは新自由主義のほうに一気に進んだ。

そしていま、それが最終段階に達しているのだと思います。

◎いま日本経済を救うために必要なこと

三橋　とにかく現在の日本の最大の問題はデフレです。これを解消することが最大かつ喫緊の課題です。

そのためには、普通のことをやればいい。拙著で何度も主張していることですが、政府が国債を増発し、日銀がそれを買い取る。そして政府はその金を公共事業に回して需要をつくる。

東日本大震災での復旧・復興もありますし、50年前につくられて老朽化している道路や橋などが日本にはたくさんあります。そのインフラ整備も必要です。

公共事業というと、すぐに政財官の癒着を持ち出す人がいます。確かにその可能性はあるでしょうが、私に言わせれば、それはほんのひと握りのことですし、額もたかが知れています。そのような小さいことにとらわれて、大きな目的を見失うのは本末転倒です。政財官の癒着が犯罪ならば、いちいち検挙して裁いていけばいい。「角を矯《た》めて牛を殺す」ということわざがあります。牛の角が曲がっているのを矯正しようとして、かえって牛を殺してしまうことです。転じて、小さな欠点を直そうとして、かえって全体を駄目にすることを意味しますが、そういうことはやめるべきです。

消費税の増税などは、単に消費を落ち込ませるだけです。もし増税するのなら、富裕層に対する課税を増やせばいい。そして中間層を増やし、その層をレベルアップする。

「そんなことをすると、海外に金持ちが資産を持って逃げる」と言う人がいますが、そもそもそも日本円は日本国内でしか使えないので、単に円安になるだけです。ついでに言えば、いまの日本以上に、チャンスがある国はない。まともな資本主義と民主主義が可能なのは、世界を見渡して日本くらいしかないのです。

ユーロ危機しかり、アメリカの没落しかり、中国バブルの崩壊しかり、これから世界経済は大きな動乱期を迎えようとしています。社会資本が整い、安心・安全な日本から逃げ出して、どこへ行こうというのでしょうか？　それよりも、せっかく好条件が揃っているわけですから、その日本をもっと良くすることに力を注いだほうが、富裕層にとってもいいはずです。

中野　その通りです。中間層を増やすという点で言えば、所得の再配分や社会資本の整備など、政府の役割は大きくなると思います。

反格差デモが起きたことが示すように、アメリカは格差が広がり、中間層が減少していきます。失業率は９％近辺で高止まりしています。ヨーロッパでも、イギリスなどで同様のデモや暴動が起きました。中国でも暴動は日常茶飯事で、貧富の格差は深刻です。

要するに、いま先進国や経済大国で中間層が減少している。それはグローバリズムや新自由主義が拡散した結果です。しかし、経済が安定的に伸びるためには、その中間層を増やすことが重要になる。

日本でも格差は広がっていますが、欧米や中国ほどではない。不況だといっても失業率は５％程度ですし、いまなら引き返すことができる地点にいるのです。

◎日本こそが世界経済のモデルとなる

中野　三橋さんが述べられた、新自由主義の「最終段階」に達して、これからは何でもかんでも「アメリカでは……」という人間がいなくなるでしょうね。彼らはこれからどうするつもりなのでしょう。アメリカが瞬間的に息を吹き返したり、また別のどこかの国でバブルが起きたりしたら、そこを見習えとかいう議論が出てきたりするのでしょうか。

アメリカというモデルがなくなる、取りに行くべき外需がなくなっている。これまで散々でたらめを言ってきた人たちの理想論が、消去法で消えていっている感触はあるんです。ですが、消えていっていると思っているのは僕たちだけで、本人たちは気づいていない。

だからまだこの期に及んで「TPPでアジアの成長を取り込む」などと言っているのでしょう。もうバカに付ける薬はありません。

三橋　第2章でも述べましたが、最後の砦《とりで》である中国がもうダメですから。最近では、「最後のバブル」であった不動産価格の急落が進んでいます。

北京や上海の不動産価格は、すでにピークから2、3割も下落してしまいました。不動産価格の下落は地方にも伝播し、杭州は10～20%、成都は5～10%、南京は約10%、天津は5～15%の下落となっています。上海に至っては、わずか一週間で分譲住宅の平均価格が10%以上も下がったこともありました。無論、全国的なバブル崩壊が確定するのは、1

年後くらいになると思いますが、いずれにせよ中国の不動産バブルが再び膨張局面を迎えることはないでしょう。

世界で日本やアメリカに影響を与える規模のバブルは、しばらく起きようがないと思います。シンガポールでどれだけバブルが起きても、日本やアメリカは全然影響を受けません。規模が足りない。

いま、表に出てきているさまざまな歪みが、すべて解決に向かう可能性もありますし、新自由主義一色の世界になる可能性もあります。あるいは中国共産主義的な国家資本主義的なもの一色になるかもしれません。

しかし私は、新自由主義一色も国家資本主義一色もごめんです。だからこそ、健全な資本主義国としての、世界の日本。皆で日本が真似されるような世界をつくりましょうよ、と言っているのです。それが一番、人類の福祉に役立つと思います。そうなることを祈るというより、そうしなければいけないと思っています。なぜなら私たちこそ、日本という国をつくる主権者なのですから。

中野さんのおっしゃる通り、その邪魔をする人がまだまだいます。

彼らと戦ううえで一番良いのは、彼らをバカにすることだと思っています。「TPPでアジアの成長を取り込む」と言う人たちに対しては、「TPP9カ国のGDPのうちアジアが占める割合なんて5%未満。取り込むべきアジアなど存在しません。どこにアジアがあるんですか?」と言えば、彼らは一言も反論できませんよ。

増税論や公共投資廃止論にしても、1997年に実施した橋本内閣の消費税増税以降のデータを示せば、いまの増税論議やムダ削減がいかに荒唐無稽か、国民にもわかるはずです。

それを繰り返すことで、増税論者や構造改革論者に対して「あいつら、バカなんじゃないの?」という空気をつくっていくのが、一番早いと思います。

あの人たちは批判されるのは耐えられるかもしれないけど、バカにされて嘲笑されるのは絶対に耐えられない。だから、彼らを嘲笑しましょう。悪魔は笑われることを一番恐れると言いますしね。

おわりに――売国奴の正体

中野剛志

「売国奴に告ぐ！」

こんなタイトルの本を出したら、またしても、方々から批判が殺到することだろう。

「攻撃的な表現はいかがなものか」

「感情的な言い方は良くない。もっと冷静に議論したまえ」

「せっかくいいことを言っていても、これじゃあ、右翼と誤解されるよ」

などなど。

しかし、この国は、平成の御世になってからの20年間、政治は乱れ、経済は衰え、社会は壊れる一方だった。私は、社会人になってからというもの、ほとんどずっと、デフレだった。私が大学で教えている学生たちにいたっては、小学校に入る前からずっとだ。

デフレというのは、戦後、日本が陥るまで、どこも経験したことがない異常な現象である。よっぽど間違った経済政策でも続けない限り、デフレなど起きないはずなのだ。つまり、日本の経済政策に影響を与えてきたエリートたち（政治家、官僚、経済学者そしてマス・メディア）のレベルは、世界最低水準にあるということだ。

ところが、長きにわたるデフレで国民の多くが苦しんでいるというのに、この世界最低水準のエリートたちは平気な顔をして、新たな政策やら改革やらを試してみては、デフレを悪化させるということを繰り返してきた。そして、自分たちの改革が失敗すると、彼らは反省する代わりに、「日本人が内向きだからだ」「既得権益が守られているからだ」「少子高齢化が進んでいるからだ」などと言い募って、また新たな改革を仕掛けてきた。

そして、挙句の果てには「平成の開国」だの「税と社会保障の一体改革」だのといった美辞麗句で、TPPへの参加や消費税の増税といった決定的なデフレ政策をぶち上げたのである。100年に一度と言われる世界経済危機に直面し、1000年に一度と言われる大震災を被災したという、この未曽有《みぞう》の国難のときに。

こんな出鱈目《でたらめ》を目の当たりにして、どうしたら冷静でいられるのか？　自分たちの国がめちゃくちゃにされているのに、なぜ、怒りをあらわにしてはいけないのか？

冷静な議論を促す方々に申し上げたい。あなた方は、こちらが冷静に主張している間は、一向に耳を貸そうとしなかったじゃないか。いくら懇切丁寧に説いても、経済学者の主流派やマスコミ世論とは違う意見だというだけで、真面目《まじめ》に取り合おうとはしなかったじゃないか。あなた方は、別に冷静なんじゃない。単に、自分で考えようとせずに、マスコミがつくった世論に乗っかって、そこに安住して自分の身を守っているだけなのだ。

われわれだって、もともと攻撃や論争が好きだというわけじゃあない。かつて三橋貴明氏は、私にこう言ったことがある。

「世の中がこんなにおかしくならなかったら、中小企業診断士をずっとやってましたよ」

私だって、下らない論争に巻き込まれて下品な批判を浴びているよりも、他にやりたいことがいくらでもある。だが、自分たちの国が売り飛ばされていくのを、これ以上黙って見ているわけにはいかないではないか。

「売国奴」というのは、確かに古めかしい言葉ではある。このような言い方は、グローバル化した現代には時代錯誤に見えるかもしれない。しかし、いつの時代にも、売国奴というのは存在するのである。ただ、昔と違うのは、国の売り先だけなのだ。

かつて、売国奴は、自分の国を外国に売った。では、平成の売国奴たちは、日本をどこに売ろうとしているのか。アメリカか？　中国か？

違う。彼らの売り先は、アメリカとか中国とかいった「国家」ではない。グローバル化した資本なのだ。つまり、グローバル資本がしこたま儲けられるように、日本を「構造改革」する。国を安値で売り飛ばすには、デフレのほうが都合がいい。これが、現代の売国奴たちの手口なのである。

実は、日本だけではない。アメリカという国家もまた、売国奴たちに乗っ取られ、グローバル資本に切り売りされてきた。その結果が、1％の富裕層が国富の25％を占有するという超格差社会や金融危機なのである。あの「ウォール街を占拠せよ」という運動は、売国奴に対する抗議にほかならない。

お隣の韓国でも売国は行われている。米韓ＦＴＡ（自由貿易協定）が締結されたとき、日本では「主権国家同士が合意したのだから、韓国が一方的に損をするはずがない」など と言う者が後を絶たなかった。だが、違うのだ。米韓ＦＴＡは、アメリカと韓国という主権国家の間で合意されたのではない。その国家を乗っ取った売国奴たちの間で合意されたのだ。そして、韓国の売り先もまた、グローバル資本である。

ＴＰＰも同じ構図である。アメリカは、ＴＰＰによって日本の市場を奪い、輸出を伸ばそうとしている。しかし、アメリカの輸出構成は、約15％が農業であり、約30％がサービス（銀行、保険、法務、会計、コンサルタント、マス・メディアなど）である。アメリカの農業は大規模効率化が徹底しているから、たいして雇用を生みはしない。サービス輸出も雇用を増やすものではない。結局のところ、ＴＰＰで得をするのはアメリカという国家ではない。ワシントンを動かしているグローバル資本なのだ。

グローバル化した時代には売国など流行《はや》らないというのは、根本的な間違いである。むしろ、世界中で、グローバル資本に国を売り飛ばす大バーゲンセールが繰り広げられている。もっとはっきり言えば、グローバル化とは、国を売り買いすることなのだ。世界はまさに、売国奴の全盛時代を迎えているのである。

それでも「売国奴」と罵《ののし》るのは、不適切だとおっしゃられるか？　では、お伺いする。テレビで「日本は外圧がないと変わらないから、TPPを梃子《てこ》にして改革をするしかない」などとほざいた評論家や元官僚、あるいは現役の国会議員を見て、何も感じないのか。日本人を侮辱する発言だとは思わないのか。こんな台詞《せりふ》を人前で平然と吐ける奴らは、売国奴でなければ何と呼べばいいのか。

だから、何の躊躇《ちゅうちょ》もなく宣言させてもらう。

「売国奴に告ぐ！　神妙にお縄を頂戴しろぃ！」

2012年2月

中野剛志

装　幀　大森裕二
編集協力　東　雄介
写　真　大駅寿一

三橋貴明（みつはし　たかあき）
1969年生まれ。経済評論家、作家。東京都立大学（現・首都大学東京）経済学部を卒業。外資系ＩＴ企業などを経て、2008年に中小企業診断士として独立。三橋事務所を設立。07年、『本当はヤバイ！韓国経済』（彩図社）がベストセラーになり、論壇活動へ。主な著書に『国民の教養』（扶桑社）、『いつまでも経済がわからない日本人』『2012年大恐慌に沈む世界　甦る日本』（以上、徳間書店）など多数。増税やＴＰＰの欺瞞、マスコミのウソを暴き続け、多くの支持を得ている。

中野剛志（なかの　たけし）
1971年生まれ。京都大学大学院工学研究科准教授。東京大学教養学部（国際関係論）卒業。エディンバラ大学より博士号取得（社会科学）。経済産業省産業構造課課長補佐を経て現職。専門は経済ナショナリズム。イギリス民族学会Nations and Nationalism Prize受賞。主な著書に『国力論』（以文社）、『自由貿易の罠』（青土社）、『ＴＰＰ亡国論』（集英社新書）など。とくに国内のＴＰＰ論議では、隠されていた危険な問題点を鋭く指摘し、反対派の急先鋒として活躍している。

売国奴に告ぐ！
いま日本に迫る危機の正体

第1刷　2012年2月29日
第3刷　2012年3月26日

著者　三橋貴明、中野剛志
発行者　岩渕　徹
発行所　株式会社徳間書店
〒105-8055　東京都港区芝大門2-2-1
電話　編集(03)5403-4344／販売(048)451-5960
振替　00140-0-44392
本文印刷　本郷印刷(株)
カバー印刷　真生印刷(株)
製本所　東京美術紙工協業組合

ISBN978-4-19-863359-2